English Composition For Your Diary

영어일기
영작패턴

KB116689

English Composition For Your Diary

영어일기 영작패턴(2-B)

지은이 하명옥
펴낸이 안용백
펴낸곳 (주)도서출판 넥서스

초판 1쇄 인쇄 2007년 8월 20일
초판 1쇄 발행 2007년 8월 25일

출판신고 1992년 4월 3일 제311-2002-2호
121-840 서울시 마포구 서교동 394-2
Tel (02)330-5500 Fax (02)330-5555

ISBN 978-89-6000-285-2 93740

가격은 뒤표지에 있습니다.

저자와의 협의에 따라서 인지는 붙이지 않습니다.
잘못 만들어진 책은 바꾸어 드립니다.

www.nexusbook.com

English Composition For Your Diary

영어일기 영작패턴

262패턴으로 쓰고 싶은 말 술~술 쓰게 해주는
나만의 영작연습노트

하명옥 지음

Level
2-B

넥서스

머리말

영어가 필요하여 공부를 하는 학생들이 가장 많이 하는 질문은, 어떻게 하면 영어를 빨리 정복할 수 있느냐 하는 것입니다. 답은 하나, 무엇이든 꾸준히 많은 시간을 투자하라는 조언 외에는 달리 해줄 말이 없네요. 단시간에 금방 이루어지는 언어학습은 없기 때문이죠. 중요한 것은 꾸준히 하는 것입니다. 아기가 우리말을 제대로 할 때까지 소요되는 시간을 생각해 보면 이해가 가시겠지요? 영어를 처음 배우는 사람도 우리말을 처음 배울 때처럼 하나하나 익히면서 깨치는 과정을 겪는 것이랍니다. 좀 더 빨리 영어에 익숙해지기를 원하거든 좀 더 많은 시간과 노력을 투자해야 하는 것은 당연한 이치이죠. 영어공부를 시작하자마자 원어민들의 영어가 안 들린다고, 그들처럼 영어를 말할 수 없다고, 또는 그들처럼 글을 쓸 수 없다고 낙심할 일이 아닙니다. 이해 안 되는 어려운 것을 하려 하지 말고 자신의 수준에 맞는 것을 찾아 지속적으로 열심히 하세요. 언젠가는 노력한 만큼의 결실이 있기 마련입니다.

원어민과 대화를 나누면서 영어를 익힐 수 있는 기회가 적은 우리네 교육 상황에서는 혼자 영어학습을 할 수 있는 가장 좋은 방법이 바로 영어로 글을 쓰는 것입니다. 또한 글로든, 대화로든 영어로 정확한 표현을 구사하기 위해서 꼭 필요한 것이 문장을 만드는 일이지요. 영어로 글을 쓰기 위해서는 우선 영어의 기본구조를 충분히 익히는 것이 필수적입니다. 처음 영어공부를 시작하면서 자신의 생활이나 생각을 영어로 척척 써 내려가는 것은 물론 불가능한 일이니, 우리말과 다른 문장구조나 표현방법들을 알아야 하는 것이지요.

왕초보들에게 영어 글쓰기는 '쓰는 것'이라기보다는 '모방하는 것'이라고 하는
것이 옳을 것입니다. 처음부터 완벽한 문장을 만들어내야 한다는 강박관념에서
벗어나, 다양한 표현구문들을 모방하여 쓰면서 자신의 표현으로
만들어가는 것이 중요합니다. 배우고 익힌 문장구조나 표현을 정리하는
형식으로 영어 글쓰기를 시작하고, 쓰고자 하는 표현들을 조금씩 찾아 늘려가도
록 하는 것이 좋습니다.

이 책에 제시된 것들은 영어의 기본구조와 기본구문들입니다. 이 책에서 익힌 내
용으로 영작연습을 해보면서 영어일기를 하루하루 짧게나마 쓰는 습관을 들이면,
자신만의 문장을 만들어낼 수 있는 감각이 생길 것입니다.

모든 독자들이 영어의 고수가 되기를 바라며…

- 하명옥

왜 영어일기인가!

영어를 잘하려면 영어식 사고방식을 가져야 한다고 쉽게들 말한다. 그러나 우리말을 하고 우리말을 쓰는 곳, 영어를 모국어로 하지 않는 우리나라와 같은 환경에서 영어식 사고방식을 갖기란 당연히 어려운 일이다. 하루를 돌아보며 일기를 쓰는 시간만이라도 영어로 써보자. 우리말 어순이 아닌 영어의 어순으로 말이다. 우리말과는 전혀 다른 영어식 어순으로 사고하는 연습을 하자. 이런 식으로 영어일기를 쓰면 잠시나마 영어식 사고를 할 수 있다. 즉 영어에 좀 더 익숙해지는 것이다.

영어를 모국어로 하는 곳에 오랜 시간 노출되어 영어에 익숙해지지 않는 한, 영어로 일기를 쓴다는 것은 어려운 일이다. 더구나 우리나라처럼 불균형적인 입시 위주의 영어교육 환경에서는 영어일기 쓰기가 더욱더 어렵다. 거의 모든 학생들이 영어일기를 쓰기도 전에 겁을 먹고 두려워한다.

길고 어려운 독해문제를 척척 풀어내는 학생들이 아주 간단하고 쉬운 영어문장 하나 쓸 때는 끙끙 앓는 소리를 할 정도다. 시험을 위한 준비의 일환으로 영어를 공부하고 영어를 직접 사용할 수 있는 기회가 적어서도 그렇지만, 학생들 대부분이 아주 기본적인 영문의 구조조차 이해하지 못하고 있고 아주 기초적인 동사의 사용법 또한 숙지하지 못하기 때문에 우리말 식으로 영어단어만 나열하려 한다. 그러다 보니 영어도 아니고 우리말도 아닌 엉터리 문장이 되고 마는 것이다.

많은 학생들이 먼저 우리말로 일기를 쓴 후 각 문장들을 영어로 번역하려 하기 때문에 영어일기 쓰기가 어렵다고 생각한다. 영어와 우리말은 문장의 어순뿐 아니라 정서를 표현하는 방법이 많이 다르다. 따라서 우리말 표현에 대응되는 영어표현이 없을 수도 있다. 우리말에 딱 맞는 영어식 표현을 찾으려 하기 때문에 영어일기 쓰기가 더욱더 어려워지는 것이다. 영어일기를 쓸 때는 아주 간단하고 쉬운 문장부터 시작해야 한다. 처음부터 긴 문장을 쓰려 하기 때문에 체감 난이도가 높아지는 것이다.

이런 노력을 꾸준히 지속한다면 어느 정도 시간이 지난 후 지나간 일기 내용을 돌아보며 지난 일에 대해 즐거운 추억도 해보고 향상된 자신의 영어실력에 감탄을 할 수도 있을 것이다.

영어일기, 이렇게 쓴다

영어일기라고 해서 특별한 형식이 있는 것은 아니다. 우리말로 쓰는 일기와 크게 다르지 않다. 영어일기의 기본요소는 날씨, 요일, 날짜, 제목, 본문이지만 꼭 이 모두를 갖추어 써야 하는 것은 아니며 날씨나 제목은 경우에 따라 쓰기도 하고 쓰지 않기도 한다. 영어일기와 우리말일기의 차이점이라 하면 날씨, 요일, 날짜의 배열 순서가 다르다는 것이다.

❶ 날씨
우리말일기에서는 날씨를 맨 뒤에 쓰지만 영어일기에서는 일반적으로 날씨가 맨 앞에 온다. 그러나 날씨를 뒤에 쓴다고 해서 틀린 것은 아니다. 또한 우리말일기와는 달리 영어일기에서는 보통 형용사를 사용해서 날씨를 표현한다. 단, 알파벳 첫 자는 대문자로 한다.
Ex. 2005년 7월 1일 토요일 맑음 – Clear, Saturday, 1 July 2005

❷ 요일
요일은 날씨 다음에 쓰며 다음과 같이 간단히 표시하기도 한다.
Ex. 월요일 – Mon. | 화요일 – Tues. | 수요일 – Wed. | 목요일 – Thurs. | 금요일 – Fri.
　　토요일 – Sat. | 일요일 – Sun.

❸ 날짜
날씨와 요일을 쓴 후 날짜를 적는다. 날짜 표현은 우리말일기와 배열 순서가 완전히 다르니 주의해야 한다. 영어에서는 시간을 표현할 때 작은 개념에서 큰 개념의 순서로 열거한다는 점을 상기한다. 가령 '2006년 7월 1일'을 나타낼 경우 작은 개념인 날짜부터 써서 1 July 2006라고 표현하고, 간혹 월과 일을 바꿔 July 1 2006라고 쓰기도 한다. 월을 간단히 표시할 경우는 다음과 같이 표현한다. 단, 5월(May)과 6월(June), 7월(July)은 보통 약자로 쓰지 않는다.
Ex. 1월 – Jan. | 2월 – Feb. | 3월 – Mar. | 4월 – Apr. | 8월 – Aug. | 9월 – Sep.
　　10월 – Oct. | 11월 – Nov. | 12월 – Dec.

❹ 제목
영어일기에 제목이 꼭 필요한 것은 아니지만 하루일과 중 특별히 기억하거나 기록하고 싶은 내용을 제목으로 정해 놓고 쓰게 되면 글이 산만해지지 않고 나름대로의 논리를 갖추게 된다.

❺ 본문
일기의 본문은 쓰는 사람의 취향과 기호에 따라 매우 다양한 형식으로 구성할 수 있다. 어떤 형태의 일기를 쓰든 영어문장 구사력이 요구되는데, 이 책에 제시된 패턴들을 적극 활용하여 자신이 쓰고 싶은 말들을 표현해 보는 연습을 꾸준히 한다면 큰 도움을 받을 수 있을 것이다.

이 책의 구성

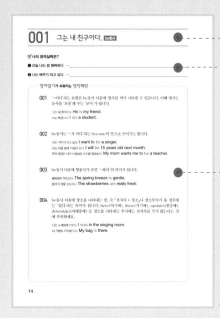

각 장에서 배울 해당 패턴의 기본문형을 우리말 제목으로 표현하여, 배우고자 하는 부분을 쉽게 파악할 수 있도록 하였습니다.

학습에 앞서 해당 장에서 배워야 할 패턴을 얼마나 알고 있는지 사전 점검을 해보는 영작코너입니다.

이 책에서는 총 262개의 패턴을 다루고 있습니다. 차례대로 번호를 붙여놓았으니 하나하나 소화하면서 성취감을 맛보세요~

「영어일기가 쉬워지는 영작패턴」에서 공부한 내용을 기억하면서 실전 영작연습을 하는 코너입니다. 뒤로 갈수록 영작의 난이도가 높아지도록 배열했으니 단계별로 테스트해 보세요.

각 장에서 공부한 패턴을 이용하여 자신만의 일기를 써 보세요.

모범일기 02

각 chapter의 마지막에 모범일기를 제시하였습니다. 실전일기를 쓸 때 참고하세요.

I lost my MP3 player.　Sunny, Tuesday, 30, April

I like listening to various kinds of songs. I wanted to have a new MP3 player, so I asked my parents to buy one for me. My parents promised that if I got good grades on the tests, they would buy it to me. I studied very hard, but I didn't get good grades. I was very depressed. A few days later, while I was reading a book in my room, my mom gave a MP3 player to me quietly. It was an unexpected present for me. She said to me, "I'm giving this to you because you did your best." I was so happy. I spent a few days listening to my favorite songs. However, today I found that my MP3 player had disappeared. Oh! my god! No way! I looked for it everywhere, but it was nowhere to be found. I lost the MP3 player that my mom had bought for me. Who stole it? I didn't tell my mom yet. I can't fall asleep. What should I do?

MP3 플레이어를 잃어버리다

나는 음악 듣는 것을 아주 좋아한다. 나는 새로운 MP3 플레이어가 몹시 갖고 싶었다. 그래서 부모님께 MP3 플레이어를 사달라고 부탁했다. 부모님께서는 내가 좋은 성적을 받으면 사준다고 약속을 하셨다. 나는 공부를 열심히 하였지만 좋은 성적을 받지 못했다. 나는 너무 낙심했다. 며칠 후에 방에서 책을 읽고 있는데 엄마가 MP3 플레이어를 내게주신 것이다. 예기치 못한 선물이었다. 내가 최선을 다했기 때문에 주는 거라고 하셨다. 나는 너무 행복했다. 며칠 내내 내가 좋아하는 음악을 들었었다. 그런데 오늘 방과 후에 MP3 플레이어가 없어진 것을 알게 되었다. 안 돼! 이럴 수가! 나는 모든 곳을 다 찾아보았다. 그러나 어디에도 없었다. 엄마가 사주신 MP3 플레이어를 잃어버리고 만 것이다. 누가 가지고 갔을까? 아직 엄마에게 말씀을 못 드렸다. 잠을 잘 수가 없다. 어떻게 해야 하지?

various 다양한 | promise 약속하다 | grades 성적 | depressed 우울한, 낙심한 | unexpected 예기치 않은 | present 선물 | disappear 사라지다 | look for ~를 찾다 | stole steal(훔치다)의 과거 | fall asleep 잠들다

나의 영작실력은?

「나의 영작실력은?」과 「영어일기가 쉬워지는 영작연습 10」의 모범답안을 책속의 책으로 제작하였습니다. 잘라내어 편리하게 활용하세요~

1

차례

Level 2-B

영작을 위한 표현

037 우리가 이길 수 있다. can

☑ **나의 영작실력은?**

❶ 오늘 할 수 있는 일을 내일로 미루지 말라. → _____

❷ 나는 일어를 할 수 있다. → _____

─── 영어일기가 **쉬워지는 영작패턴** ───

139 조동사는 동사를 도와주는 말로, 그 뒤에는 항상 동사원형을 쓰며 주어의 수나 인칭에 따라 변화하지 않고는 두 개의 조동사를 연달아 쓸 수 없습니다. 부정문은 조동사 바로 뒤에 not을 붙입니다.
능력이나 가능성을 나타내는 '~할 수 있다, ~일 수 있다'라는 표현은 조동사 can을 사용하는데, 이는 be able to로 바꾸어 쓸 수 있습니다.

> - ~할 수 있다, ~일 수 있다 : can, be able to
> - ~할 수 없다, ~를 못하다 : can not, can't, am/are/is not able to
> - ~할 수 있었다(과거형) : could, was/were able to
> - ~할 수 있을 것이다(미래형) : will be able to

우리가 그 경기에서 이길 수 있다. We can win the game.
그것은 누구에게나 일어날 수 있는 일이다. It can happen to anybody.
내 동생은 아직 걷지 못한다. My brother can't walk yet.
그에게 돈을 빌려줄 수 없었다. I couldn't lend him any money.
나는 그곳에 제시간에 갈 수 없었다. I was not able to get there on time.
내가 그 문제를 풀 수 있을 것이다. I will be able to solve the problem.

140 can은 허가의 의미를 나타내는 '~해도 좋다'의 의미와 함께, 의문문에서는 요청을 나타내는 '~해도 될까요?'의 의미도 가지고 있습니다.

네 컴퓨터를 써도 되니? Can I use your computer?
내 컴퓨터를 써도 된다. You can use my computer.

이것 가져도 되니? Can I have this?
그것 가져도 된다. You can have it.

1 나는 3개의 언어를 말할 수 있다. (language 언어)

I can _____.

2 나는 플루트를 연주할 수 있다. (play the flute 플루트를 연주하다)

I _____.

3 나는 물구나무를 설 수 있다. (stand on one's head 물구나무서다)

I am able _____.

4 나는 그 질문에 답할 수 있었다. (answer 답하다)

I was _____.

5 나는 약속을 지킬 수 없었다. (keep 지키다, promise 약속)

I was not _____.

6 나는 어느 어려움이든 극복할 수 있다. (get over 극복하다, any 어느)

I can _____.

7 나는 휴대폰으로 TV를 볼 수 있다.

_____ with my _____.

8 너는 내 옷을 입어도 된다. (clothes 옷)

You _____.

9 내가 너의 방에 들어가도 되니? (enter ~에 들어가다)

_____.

10 넌 지금 당장 가도 돼. (right now 지금 당장)

_____.

 할 수 있는 것이나 하고 싶은 것에 대하여 일기를 써보세요.

038 꼭 참석해야 한다. must

☑ **나의 영작실력은?**

❶ 부모님께 전화를 해야 했다. → _____

❷ 그 진실을 말할 필요가 없었다. → _____

영어일기가 쉬워지는 영작패턴

141 무슨 일을 꼭 해야 할 경우에, 즉 '~해야 한다'라는 표현은 조동사 must를 사용하여 나타낼 수 있는데, 이는 have/has to로 바꾸어 표현할 수도 있습니다.

> ■ ~해야 한다 : must, have/has to
> ■ ~해야 했다(과거형) : must, had to
> ■ ~해야 할 것이다(미래형) : will have to

나는 그 모임에 꼭 참석해야 한다. I must attend the meeting.
거기 갈 때는 유니폼을 입어야 했다. I had to wear my uniform when I went there.
지하철을 갈아타야 할 것이다. I will have to change subway trains.

142 관습이나 양심에 따라 마땅히 해야 할 일을 말할 때는 조동사 should, ought to를 사용하여 '~해야 한다'라는 표현을 사용합니다. 반대로 '~하지 않아야 한다'는 should not, ought not to로 표현합니다.

교통 규칙을 지켜야 한다. We should obey traffic laws.
남의 욕을 하면 안 된다. We should not speak ill of others.
우리는 친구들에게 불손하게 하면 안 된다. We should not be unkind to our friends.

143 '~해야 한다'의 부정형인 don't/doesn't have to(=need not)는 '~하면 안 된다'가 아니라, '~할 필요가 없다'입니다. '~하면 안 된다'는 must not으로, 강한 금지를 나타냅니다. '~할 필요가 있다'는 need to로 표현합니다.

우리는 그것을 준비할 필요가 없다. We don't have to prepare for it.
서두를 필요가 없었다. I didn't have to hurry.
나는 영어공부를 좀 더 열심히 할 필요가 있다. I need to study English harder.
우리는 절대 그 곳에 가면 안 된다. We must not go there.

1 우리는 다음 콘테스트를 준비해야 한다. (prepare 준비하다)

We _____ for the _____.

2 오늘 우리 가족은 조부모님 댁을 방문해야 한다. (visit 방문하다)

Today my family _____ my grandparents.

3 나는 리포트를 다시 써야 했다. (write 쓰다, report 리포트)

I had _____ again.

4 내일 나는 집에 가야 할 것이다. (go home 집에 가다)

I will _____ tomorrow.

5 우리는 부모님 말씀에 복종해야 한다. (obey 복종하다)

We _____ our parents.

6 우리는 무단횡단을 하지 말아야 한다. (jaywalk 무단횡단하다)

We _____.

7 불이 난 경우에, 우리는 119에 전화해야 한다. (in case of ~의 경우에)

In case of a _____, we _____.

8 우리는 건강관리를 잘 해야 할 필요가 있다. (take care of ~를 보살피다)

_____.

9 나는 그것을 살 필요가 없었다. (buy 사다)

_____.

10 우리는 신발을 벗을 필요가 없었다. (take off 벗다)

_____.

 해야 할 일과 할 필요가 없는 일들을 일기로 써보세요.

039 틀림없이 뭔가 문제가 있다. 추측

☑ **나의 영작실력은?**

❶ 그가 아픈 것임에 틀림없다. → _____

❷ 그가 그것을 먹었을 리가 없다. → _____

영어일기가 쉬워지는 영작패턴
---

144 현재의 일에 대한 추측은 조동사를 사용하여 다음처럼 표현합니다.

> ■ ~임에 틀림없다. : must + 동사원형
> ■ ~일지도 모른다 : may + 동사원형
> ■ ~일 리가 없다 : can't + 동사원형

틀림없이 뭔가 문제가 있다. Something must be wrong with it.

그것은 틀림없이 내 실수인 것 같다. It must be my fault.

그것은 사실일지도 모른다. It may be true.

그가 시험에 떨어질 리가 없다. He can't fail the exam.

145 과거의 일을 추측하는 경우는 다음처럼 표현합니다.

> ■ ~였음에 틀림없다 : must have + 과거분사
> ■ ~였을지도 모른다 : may have + 과거분사
> ■ ~였을 리가 없다 : couldn't have + 과거분사

그는 화가 난 것임에 틀림없었다. He must have been angry.

나는 배탈이 난 것임에 틀림없었다. I must have had an upset stomach.

소매치기가 있었음에 틀림없었다. There must have been a pickpocket.

그가 그 돈을 가져갔을지도 모른다. He may have taken the money.

그가 옳았을지도 모른다. He may have been right.

그가 거짓말을 했을 리가 없다. He couldn't have told a lie.

1 그는 내가 누구인지 알지도 모른다. (who I am 내가 누구인지)

He _____ who I am.

2 그의 이야기는 거짓임에 틀림없다. (false 거짓의)

His story _____.

3 그가 나에게 그의 휴대폰을 빌려줄 리가 없다. (lend 빌려주다)

He _____.

4 그 입장료가 그렇게 비쌀 리가 없다. (admission fee 입장료)

The admission fee _____.

5 그녀가 그렇게 말하는 것을 보니 토라진 것이 틀림없었다. (sulky 토라진)

She _____ to say so.

6 그는 틀림없이 그 영화를 보았을 것이다.

_____.

7 그는 틀림없이 잠들어 있었을 것이다. (asleep 잠들어 있는)

_____.

8 우리가 같은 학교에 다녔을지도 모른다.

_____.

9 그가 나의 비밀을 알고 있을지도 모른다.

_____.

10 그가 나를 찾았을 리가 없다. (look for ~를 찾다)

_____.

 현재나 과거의 일을 추측하여 일기를 써보세요.

040 미리 준비했어야 했다. 후회·유감

☑ **나의 영작실력은?**

❶ 나는 그를 도와주었어야 했다. → _____

❷ 우리는 밤에 시내를 돌아다니지 않았어야 했다.

　　→ _____

영어일기가 쉬워지는 영작패턴

146 과거 사실에 대한 후회나 유감을 나타내는 표현인 '~했어야 했다'는 「should have + 과거분사, ought to have + 과거분사」 구문을 사용하여 표현하고 '~하지 않았어야 했다'는 「should not have + 과거분사, ought not to have + 과거분사」의 구문으로 나타냅니다.

미리 그것을 준비했어야 했다. I should have prepared it in advance.

더 일찍 끝마쳤어야 했다. I should have finished earlier.

좀 더 열심히 일했어야 했다. I should have worked harder.

나는 좀 더 조심했어야 했다. I should have been more careful.

그의 조언을 따랐어야 했다. I should have followed his advice.

거기에 가지 않았어야 했다. I should not have been there.

시간을 낭비하지 말았어야 했다. I should not have wasted my time.

TV를 그렇게 오랫동안 보지 말았어야 했다.
I should not have watched TV for so long.

그를 만나지 말았어야 했다. I should not have met him.

147 '~할 필요가 없었다'는 「need not have + 과거분사」 구문으로 나타낼 수 있습니다. '~할 수도 있었는데 하지 못했다'는 「could have + 과거분사」로 표현합니다.

우산을 가져갈 필요가 없었다. I need not have brought an umbrella.

그것을 미리 살 필요가 없었다. I need not have bought it in advance.

그 일을 할 필요가 없었다. I need not have done the work.

그에게 그 이야기를 할 수도 있었다. I could have told him the story.

모든 일이 잘못될 수도 있었다. Everything could have gone wrong.

1 나는 저축을 더 많이 했어야 했다. (save 저축하다, more 더 많이)

   I should have _____.

2 나는 하루에 세 번 그 약을 먹었어야 했다. (take the medicine 약을 먹다)

   I should _____ three times a day.

3 나는 배터리를 미리 확인했어야 했다. (check 확인하다, battery 배터리)

   I should _____ in advance.

4 나는 좀 더 신중했어야 했다. (prudent 신중한)

   I should _____.

5 나는 우회전을 하지 말았어야 했다. (turn right 우회전하다)

   I _____.

6 그녀는 그에게 부탁을 하지 말았어야 했다. (ask ~ a favor ~에게 부탁하다)

   She _____.

7 나는 그에게 먼저 사과했어야 했다. (apologize to ~에게 사과하다)

   I _____ first.

8 나는 식사 후 설거지를 했어야 했다. (do the dishes 설거지를 하다)

   _____ after the meal.

9 나는 그의 조언을 따를 필요가 없었다. (follow 따르다, advice 조언)

   _____.

10 나는 그의 이야기를 귀담아들을 필요가 없었다. (listen to ~를 귀담아듣다)

   _____.

 과거에 했던 유감스럽거나 후회가 되는 일이 있다면 일기로 써보세요.

041 우리 집에 들르곤 한다. ~하곤 한다/했다

☑ **나의 영작실력은?**

❶ 나는 어릴 때 학교에 지각을 하곤 했다.

→ _____

❷ 나는 매일 밤 잠자기 전에 그에게 전화를 하곤 했다.

→ _____

── 영어일기가 **쉬워지는** 영작패턴 ──

148 일상적으로 반복되는 동작, 즉 '~하곤 하다'를 나타낼 때는 '가끔, 이따금씩, 자주'의 의미를 가진 sometimes, from time to time, now and then, on occasion, occasionally, often이나 보통, 대개의 의미인 usually 등을 사용하여 표현할 수 있습니다.

그는 가끔 우리 집에 들르곤 한다. He stops by my house now and then.
캘리포니아에서는 가끔 지진이 나곤 한다.
From time to time in California, there is an earthquake.
나는 보통 주말이면 영화를 보러 가곤 한다. I usually go to a movie on weekends.
그는 자주 밤샘을 하곤 한다. He often stays up all night.

149 지금 하는 일은 아니지만 과거에 했었던 규칙적인 습관을 나타내는 '~하곤 했다'나 과거의 상태, 즉 '~였다'를 나타낼 때는 「used to + 동사원형」을 사용합니다. 그리고 불규칙적으로 반복되었던 과거의 습관을 나타낼 때는 조동사 would를 사용합니다.

친구와 다투곤 했다. I used to quarrel with my friends.
나는 방과 후에 축구를 하곤 했다. I used to play soccer after school.
그곳에 우물이 하나 있었다. A well used to be there.
나는 맹목적으로 외국 풍습을 따라하곤 했다. I would follow foreign customs blindly.
밤이면 아기가 울곤 했다. The baby would cry at night.
나는 아침 일찍 일어나 수영을 하러 가곤 했다.
I would get up early and go swimming in the morning.
나는 만화책을 읽느라 밤늦게까지 잠을 자지 않곤 했다.
I would stay up late to read comic books.

1 나는 가끔 인터넷에서 그와 채팅을 하곤 한다. (chat 채팅하다)

Sometimes I _____ on the Internet.

2 나는 종종 하루 종일 인터넷 서핑을 하곤 한다. (surf the Internet 인터넷 서핑을 하다)

I often _____ all day.

3 나는 보통 여가 시간에 TV를 보며 보내곤 한다. (leisure time 여가 시간)

I usually _____ watching _____.

4 나는 카드놀이를 할 때 가끔 속이곤 한다. (cheat 속이다, cards 카드놀이)

I _____ when playing _____.

5 나는 가끔 실수를 하곤 한다. (make mistakes 실수하다)

_____.

6 나는 매주 토요일에 탁구를 치곤 했다. (table tennis 탁구)

_____ every Saturday.

7 우리 아빠는 젊었을 때 담배를 피셨다.

_____ when he was _____.

8 삼촌의 정원에 큰 나무가 하나 있었다. (garden 정원)

A big tree _____.

9 나는 매주 일요일마다 교회에 다녔다.

_____.

10 나는 어릴 때 게임을 하러 오락실에 가곤 했다. (arcade 오락실)

_____.

 현재 일상적으로 하는 일들이나, 과거에 규칙적 또는 불규칙적으로 했던 일들을 일기로 써보세요.

042 지금 바로 가는 게 좋겠다. ~하는 게 좋다

☑ **나의 영작실력은?**

❶ 우리는 횡단보도를 건널 때 꼭 신호를 지키는 것이 좋다.

→ _____

❷ 우리는 돈을 낭비하지 않는 게 좋다.

→ _____

영어일기가 쉬워지는 영작패턴

150 '~하는 편이 좋다'의 표현은 「had better + 동사원형」을 사용할 수 있는데, 이를 상
대방에게 사용할 경우에는 충고나 권유의 의미가 포함되어 있습니다. 조동사 may/
might as well을 사용하여 '~하는 게 좋다'라는 표현을 나타낼 수 있으며, '차라리
~하는 게 낫다'는 「would rather + 동사원형」을 사용하여 표현합니다.

지금 바로 가는 게 좋겠다. I had better go right now.

너는 외출할 때 코트를 입는 게 좋겠다.
You had better wear your coat when you go out.

우리는 안전벨트를 매는 게 좋다. We had better fasten our seat belts.

그와 헤어지는 게 좋겠다. I might as well break up with him.

차라리 그 일을 계속하는 것이 좋겠다. I would rather go on doing the work.

차라리 사실을 이야기하는 게 낫겠다. I'd rather tell the truth.

151 '~하지 않는 게 낫다/좋다'의 표현은 「had better not + 동사원형」, 「may/might
as well not + 동사원형」, 「would rather not + 동사원형」으로 나타내는데, 이 때
not의 위치에 주의해야 합니다.

오늘 떠나지 않는 게 낫겠다. I had better not leave today.

그 모임에 참석하지 않는 게 낫겠다. I had better not attend the meeting.

너는 늦지 않는 게 좋겠다. You had better not be late.

오늘 밤에 나는 외출하지 않는 게 좋겠다. I might as well not go out tonight.

차라리 거기에 가지 않는 게 낫겠다. I would rather not go there.

다시는 그를 만나지 않는 게 좋겠다. I'd rather not meet him again.

1 나는 전자사전을 이용하는 게 좋겠다. (electronic dictionary 전자사전)

I had ______________________________.

2 너는 시간을 잘 지키는 게 좋겠다. (be punctual 시간을 지키다)

You ______________________________.

3 너는 다시 생각해 보는 게 좋겠다.

You ______________________________.

4 우리는 안전 장비를 착용하는 것이 좋겠다. (safety equipment 안전 장비)

We had ______________________________.

5 우리는 충분한 휴식을 취하려면 일찍 자는 것이 좋다. (enough rest 충분한 휴식)

We ______________________________.

6 지금 내가 다시 시작하는 게 낫겠다.

I may ______________________________.

7 내가 차라리 그것을 포기하는 게 낫겠다. (give up 포기하다)

I'd ______________________________.

8 너는 아무나 믿지 않는 게 좋겠다. (rely on ~를 신뢰하다)

You ______________________________.

9 우리는 친구들을 놀리지 않는 게 좋다. (bully 약한 자를 놀리다)

______________________________.

10 나는 차라리 그런 일은 하지 않는 게 좋겠다. (such a thing 그러한 일)

______________________________.

어떤 일을 하는 게 좋은지, 어떤 일을 하지 않는 것이 좋은지에 대해 일기를 써보세요.

043 차라리 이야기하는 게 낫겠다. ~하느니 차라리

☑ 나의 영작실력은?

❶ 해외여행을 가느니 국내일주를 하는 게 낫겠다.

→ _____

❷ 포기하느니 다시 시작해 보는 것이 좋겠다.

→ _____

영어일기가 쉬워지는 영작패턴

152 '~하느니 …하는 게 낫다'라는 표현은 may as well … as ~ 또는 would rather … than ~을 사용합니다.

그 비밀을 지키느니 차라리 이야기하는 게 낫다.
I may as well tell as keep the secret.

그와 영화를 보러 가느니 차라리 집에 있는 것이 낫다.
I may as well stay at home as go to the movies with him.

걷느니 차라리 택시를 타겠다. I would rather take a taxi than walk.

쉬느니 차라리 운동을 하겠다. I would rather exercise than take a rest.

내일로 미루느니 차라리 오늘 하는 게 낫겠다.
I'd rather do it today than put it off till tomorrow.

다른 사람에게 그 일을 하라고 시키느니 내가 하는 것이 낫겠다.
I'd rather do it myself than have someone else do it.

계속 진행하느니 차라리 포기하는 게 낫겠다. I'd rather give up than keep going.

이메일을 보내느니 차라리 전화를 거는 게 낫겠다. I'd rather call than send an e-mail.

153 A rather than B는 'B보다는 차라리 A'라는 의미를 표현할 때 사용됩니다.

그는 의사보다는 차라리 생물학자가 되고 싶었다.
He wanted to be a biologist rather than a doctor.

나는 사과보다는 차라리 배를 먹겠다. I'd like pears rather than apples.

1 그것을 하느니 차라리 죽는 게 낫겠다. (die 죽다)

I'd rather _____ than _____.

2 버스를 타느니 차라리 걷는 게 낫겠다. (take a bus 버스를 타다)

I'd rather _____.

3 그를 만나느니 차라리 잠을 자는 게 낫겠다. (sleep 잠자다)

I'd _____.

4 그에게 전화를 하느니 차라리 방문하는 게 낫겠다. (visit 방문하다)

I'd _____.

5 그 책을 읽느니 차라리 영화를 보는 게 낫겠다.

I'd _____.

6 그 음식을 먹느니 차라리 물을 마시는 게 낫겠다. (drink water 물을 마시다)

_____.

7 공부를 하느니 차라리 축구를 하는 게 낫겠다.

_____.

8 나는 걷는다기보다는 차라리 뛰었다.

_____.

9 나는 가수라기보다는 차라리 작곡가가 되고 싶었다. (composer 작곡가)

_____.

10 나는 요구르트보다는 차라리 우유를 마시겠다. (yogurt 요구르트)

_____.

 어떤 일보다 차라리 다른 일을 하는 것이 좋았던 경험을 일기로 써보세요.

모범일기 05

Alumni meeting
Fair, Monday, 5 September

There was an alumni meeting today. I longed to meet my old friends. However, I was so busy, so I thought I would not be able to attend the meeting. Fortunately I was able to change my schedule so that I could have time to go there. On the way to the meeting place, I thought I had to change the subway trains, but I didn't have to do so. I didn't know exactly the way there, I had to ask some passengers to show me the way. I wished I had taken a taxi. When I arrived, many friends were already there. I was very happy to meet them. Before arriving there, I wondered if I could recognize all of them. I couldn't remember some of them. I should have met and kept contact with them from time to time. We talked to one another about our old memories. We had a pleasant time till late.

동창회

오늘은 동창회가 있었다. 나는 옛 친구들이 몹시 보고 싶었다. 하지만 너무 바빠서 난 모임에 참석할 수 없을 것 같았다. 다행히도 스케줄을 바꿀 수 있어서 거기에 갈 시간이 있었다. 그 모임 장소에 가는 길에, 나는 지하철을 바꾸어 타야 한다고 생각했다. 하지만 그럴 필요가 없었다. 거기에 가는 길을 확실히 몰라서 지나가는 사람들에게 길을 물어야 했다. 택시를 탔으면 좋았을 텐데. 내가 도착했을 때, 많은 친구들이 벌써 와 있었다. 그들을 보니 매우 행복했다. 그곳에 도착하기 전에는, 내가 그들 모두를 못 알아볼 것 같았다. 그들 중 몇몇은 기억이 나지 않았다. 가끔씩이라도 그들과 만나고 연락을 취했어야 했다. 우리는 옛 추억에 대해 서로 이야기했다. 우리는 늦게까지 즐거운 시간을 가졌다.

alumni meeting 동창회 | **long to** + **동사원형** ~하기를 몹시 바라다 | **attend** ~에 참석하다 | **on the way to** ~로 가는 중에 | **exactly** 정확히 | **passenger** 승객, 행인 | **wonder if** ~일까 생각하다 | **recognize** 알아보다 | **keep contact with** ~와 계속 연락을 취하다 | **from time to time** 가끔 | **memory** 추억 | **one another** (여럿일 때) 서로

영작을 위한 표현

044 수영장에 가려고 일찍 일어났다. ~하기 위해

☑ **나의 영작실력은?**

❶ 나는 보고서를 작성하기 위해 인터넷을 검색했다.

→ _____

❷ 나는 건강 검진을 받기 위해 예약을 했다. → _____

영어일기가 쉬워지는 영작패턴

154 '~하려고, ~하기 위해, ~하도록'의 표현을 나타내기 위해서 가장 간단히 사용되는 구문이 「to + 동사원형」입니다. to부정사의 부사적 용법으로 사용되는 것이지요. 또한 「so as to + 동사원형, in order to + 동사원형」으로도 표현할 수 있습니다. 「for the purpose of + 명사/동명사」는 '~할 목적으로'입니다.

수영장에 가려고 일찍 일어났다.
I got up early to go to the swimming pool.

나는 요즘 살을 빼려고 운동을 하고 있다.
I work out to lose weight these days.

기차 시간에 맞추려고 빨리 달려갔다.
I ran fast so as to be on time for the train.

정보를 좀 더 얻기 위해 여행사에 갔다.
I went to the travel agency in order to get more information.

나는 그를 만날 목적으로 거기에서 기다리고 있었다.
I was waiting there for the purpose of meeting him.

155 '~가 …하기 위해, ~가 …하도록'의 표현은 「so that/in order that + 주어 + will/can/may/might + 동사원형」의 구문으로 나타냅니다.

나는 그에게 줄 선물을 사기 위해 돈을 모았다.
I saved money so that I might buy a present for him.

그는 키가 더 크도록 우유를 많이 마신다.
He drinks a lot of milk so that he might grow more.

내가 시간 안에 그 일을 끝마칠 수 있도록 엄마가 도와주었다.
My mom helped me in order that I could finish the work on time.

1 나는 유럽을 여행하기 위해 돈을 저축했다. (save 저축하다, take a trip 여행하다)

I _____ to _____ to Europe.

2 나는 돈을 좀 저축하려고 그것을 사지 않았다.

I _____ to _____.

3 나는 살을 빼기 위해 많이 먹지 않는다. (lose weight 살을 빼기 위해)

I don't eat much _____.

4 나는 시험에 합격하기 위해 공부를 열심히 할 것이다. (pass the exam 시험에 합격하다)

I will _____.

5 우리는 나중에 먹으려고 그것을 냉동실에 넣었다. (freezer 냉동실)

We put it _____ later.

6 나는 더 잘 볼 수 있게 안경을 닦았다. (see better 더 잘 보다)

I cleaned _____.

7 나는 그를 따라잡기 위해 더 열심히 공부할 것이다. (catch up with ~를 따라잡다)

_____.

8 나는 마음의 긴장을 풀기 위해 명상을 한다. (meditate 명상하다, relax 긴장을 풀다)

_____.

9 나는 그의 전화를 받기 위해 항상 휴대폰을 가지고 다닌다. (carry 가지고 다니다)

_____.

10 나는 맛있는 요리를 만들기 위해 신선한 재료를 사용했다. (ingredient 재료)

_____.

 어떤 목적을 위해 어떤 일을 했었는지에 대해 일기를 써보세요.

Chapter 06

045 늦지 않으려고 서둘렀다. ~하지 않으려고

☑ 나의 영작실력은?

❶ 신용카드를 더 이상 사용하지 않으려고 가위로 잘라버렸다.

→ _____

❷ 나는 체하지 않으려고 천천히 먹었다. → _____

영어일기가 쉬워지는 영작패턴

156 to부정사 앞에 not을 쓰면, 즉 '~하지 않으려고, ~하지 않기 위해, ~하지 않도록'의 의미를 표현하며, 「so as not to + 동사원형, in order not to + 동사원형」의 구문으로 나타낼 수도 있습니다.

늦지 않으려고 서둘렀다. I hurried up not to be late.

실수하지 않으려고 조심했다. I was careful not to make a mistake.

기차를 놓치지 않으려고 뛰어갔다. I ran so as not to miss the train.

나는 지각으로 인한 꾸중을 듣지 않기 위해 서둘러 가야 했다.
I had to leave in a hurry in order not to be scolded for being late.

나는 나쁜 자리를 얻지 않으려고 콘서트에 일찍 갔다.
I went to the concert early so as not to get a bad seat.

157 '~가 …하지 않기 위해, ~가 …하지 않도록'은 「so that + 주어 + won't/may not/can't + 동사원형」의 구문으로 표현합니다. 또는 「lest + 주어 + should + 동사원형」의 형태로 나타낼 수도 있는데, 이때 조동사 should는 생략되기도 합니다. lest 자체에 부정의 의미가 있으니 「lest + 주어 + should not + 동사원형」의 형태로 쓰지 않도록 주의해야 합니다.

내 계획이 허사가 되지 않도록 모든 노력을 다할 것이다.
I will make every effort so that my plan won't end up as nothing.

비가 들어오지 않도록 창문을 닫았다.
I closed the windows so that the rain couldn't blow in.

나는 모임에 늦지 않도록 일찍 일어났다.
I got up early so that I would not be late for the meeting.

나는 그와의 약속을 깨뜨리지 않기 위해 최선을 다했다.
I did my best lest I should break my promise with him.

1   나는 넘어지지 않으려고 조심했다. (careful 조심하는, fall down 넘어지다)

I was _____ not to _____.

2   우리는 다치지 않기 위해서 안전규칙을 지켜야 한다. (safety tips 안전규칙, get hurt 다치다)

We have to keep the _____ not to _____.

3   나는 모임에 늦지 않으려고 서둘렀다. (hurry up 서두르다)

I _____ for the meeting.

4   나는 그를 실망시키지 않으려고 최선을 다했다. (disappoint 실망시키다)

I did my best _____.

5   나는 당황하지 않으려고 그를 쳐다보지 않았다. (be upset 당황하다)

I didn't look _____.

6   나는 감정을 드러내지 않으려고 눈을 감았다. (reveal 드러내다)

I _____ my feelings.

7   나는 살찌지 않으려고 과식하지 않는다. (overeat 과식하다, gain weight 살찌다)

_____.

8   나는 시대에 뒤떨어지지 않으려고 노력한다. (fall behind the times 시대에 뒤떨어지다)

_____.

9   나는 불필요한 물건들은 사지 않으려고 목록을 만들었다. (unnecessary 불필요한)

_____.

10 내년에는 실패하지 않도록 노력할 것이다. (fail 실패하다)

_____.

 어떤 것을 막으려는 목적으로 무언가를 했던 경험을 일기로 써보세요.

046 수영할 시간이 없었다. ~할/~하는

☑ **나의 영작실력은?**

❶ 하루 종일 할 일이 매우 많았다. → _____

❷ 생각해 봐야 할 문제가 하나 있다. → _____

영어일기가 쉬워지는 영작패턴

158 '~할, ~하는, ~해야 할'의 의미로 형용사처럼 명사나 대명사를 꾸며주는 말은 어떻게 표현할까요? 이럴 때는, to부정사를 사용하면 됩니다. 「명사 + to + 동사원형」의 구문으로 to부정사가 앞에 있는 명사를 수식하면서 '~할 …'라는 의미를 나타냅니다.

수영할 시간이 없었다. I had no time to swim.
우물쭈물할 시간이 없었다. I had no time to lose.
내가 저녁을 준비해야 할 차례였다. It was my turn to cook dinner.
나는 마실 물이 좀 필요했다. I needed some water to drink.
읽어야 할 책이 많았다. I had many books to read.
끝내야 할 숙제가 있었다. I had homework to finish.

159 형용사의 역할을 하는 to부정사를 이용하여 영작할 때 주의해야 할 사항이 있습니다. 예를 들어, '함께 놀 친구'라는 표현을 영어로 할 때 friends to play라고 하기가 쉬우나 to부정사가 수식하는 명사와 to부정사의 동사 사이에 전치사가 필요할 경우는 동사 뒤에 전치사를 꼭 써야 합니다.
'친구들과 놀다'는 play with friends라고 표현하기 때문에 '함께 놀 친구'는 friends to play with라고 씁니다.

나는 함께 놀 친구가 별로 없었다. I had few friends to play with.
나는 위에 앉을 것을 아무것도 찾지 못했다. I didn't find anything to sit on.
나는 가지고 쓸 펜이 없었다. I had no pen to write with.
나는 내가 믿고 의지할 부모님이 안 계시다. I don't have any parents to depend on.
나는 처리해야 할 일이 많았다. I had many things to deal with.
그건 걱정할 일이 아니었다. It was nothing to worry about.

1 나는 달성해야 할 많은 일이 있다. (achieve 달성하다)

I have _____ to _____.

2 나는 조사해야 할 자료가 많았다. (material 자료, look into 조사하다)

I had _____ to _____.

3 나는 제출해야 할 보고서가 있었다. (paper 보고서, hand in 제출하다)

I had _____ to _____.

4 나는 내일 해야 할 다른 중요한 일들이 있다. (other important 다른 중요한)

I have _____ tomorrow.

5 나는 차에서 읽을 잡지책이 하나 필요했다. (magazine 잡지책)

I needed _____ in the car.

6 나는 빨아야 할 옷이 많았다. (plenty of 많은, wash clothes 빨래하다)

I had _____.

7 재활용은 지구를 보호하는 많은 방법 중 하나이다. (recycling 재활용)

Recycling is one of _____.

8 나는 극복해야 할 핸디캡이 하나 있다. (handicap 핸디캡, overcome 극복하다)

I _____.

9 봐야 할 새로 개봉된 영화가 하나 있다. (released 개봉된)

There _____.

10 나는 드라이클리닝해야 하는 옷이 몇 벌 있다. (dry-clean 드라이클리닝하다)

_____.

 '~해야 할 …' 구문을 이용하여 일기를 써보세요.

047 그를 만나서 반가웠다. ~해서, ~하다니

☑ **나의 영작실력은?**

❶ 나는 그가 가버린 것을 알고 놀랐다. → _____

❷ 불에 타는 건물에 뛰어 들어가다니 그는 틀림없이 용감하다.

　→ _____

영어일기가 쉬워지는 영작패턴

160 '~해서, ~하니, ~하다니'를 나타내는 표현은 to부정사를 이용해 쓸 수 있습니다. 이는 to부정사가 원인이나 이유를 나타내는 경우로 주로 감정의 원인을 나타내는 표현에 많이 쓰입니다.

나는 그를 만나서 반가웠다. I was glad to see him.

나는 그녀가 가는 것을 보니 슬펐다. I was sad to see her go.

나는 그 광경을 보고 매우 즐거웠다. I was delighted to see the scene.

나는 그 소식을 듣고 기뻤다. I was pleased to hear the news.

나는 그의 실패 소식을 듣고 깜짝 놀랐다. I was surprised to hear about his failure.

161 '~를 보니, ~하다니'의 표현은 판단의 이유를 나타내는 to부정사를 사용해 나타낼 수 있습니다. 이는 주로 must be(~임에 틀림없다), can't be(~일 리가 없다) 구문과 함께 쓰입니다.

그가 그렇게 빨리 달리는 것을 보니 급한 것임에 틀림없다.

He must be in a hurry to run so fast.

복권에서 1등에 당첨되다니 그는 운이 좋음에 틀림없다.

He must be lucky to win first prize in the lottery.

그가 그 어려운 문제를 해결하다니 틀림없이 똑똑할 것이다.

He must be clever to solve the difficult problem.

나에게 돈을 부탁하는 것을 보니 그는 부자일리가 없다.

He can't be rich to ask me for money.

내 초대를 거절하다니 그는 틀림없이 화가 났음에 틀림없다.

He must be angry to reject my invitation.

1 나는 못 보았던 친구들을 오랜만에 만나서 행복했다. (in a long time 오랜만에)

I was _____ to _____ I hadn't seen in a long time.

2 나는 그를 우연히 만나서 반가웠다. (come across 우연히 만나다)

I _____ to _____ him.

3 나는 그 슬픈 장면을 보고 눈물을 흘렸다. (weep 눈물을 흘리다. scene 장면)

I wept _____.

4 그와 사랑에 빠져서 정말 행복하다. (fall in love with ~와 사랑에 빠지다)

I am really _____ to _____.

5 나는 그의 바보 같은 이야기를 듣고 화가 났다. (listen to ~를 듣다)

I got _____ to _____.

6 그렇게 말하는 것을 보니 그는 정직함에 틀림없다.

He must _____ to _____.

7 그것을 사는 것을 보니 그는 미쳤음에 틀림없다. (crazy 미친)

_____.

8 가난한 사람들을 도와주다니 그는 훌륭하다. (the poor 가난한 사람들)

_____.

9 그가 그녀의 이야기를 믿다니 바보임에 틀림없다. (fool 바보)

_____.

10 그가 그렇게 행동하는 것을 보니 화가 난 것이 틀림없다. (like that 그렇게)

_____.

 어떤 원인으로 인해 무슨 감정을 느꼈는지를 일기로 써보세요.

048 어찌해야 할지 몰랐다. 의문사+to부정사

☑ 나의 영작실력은?

❶ 문제는 언제 그 일을 끝내야 하느냐 하는 것이었다.

→ _____

❷ 어떻게 하느냐가 무엇을 하느냐보다 중요하다.

→ _____

영어일기가 쉬워지는 영작패턴

162 「의문사 + to부정사」의 구문은 명사구의 역할을 하며, 주어, 목적어, 보어로 사용될 수 있고, 「의문사 + 주어 + should + 동사원형」으로 바꾸어 쓸 수 있습니다.

> - who to + 동사원형 : 누가 ~해야 하는지, 누굴 ~해야 하는지
> - when to + 동사원형 : 언제 ~해야 할지
> - where to + 동사원형 : 어디에서 ~해야 할지
> - what to + 동사원형 : 무엇을 ~해야 할지
> - how to + 동사원형 : 어떻게 ~해야 할지, ~하는 방법
> - which one to + 동사원형 : 어떤 것을 ~해야 할지

나는 어찌 해야 할지 몰랐다. I didn't know how to do it.
= I didn't know how I should do it.

그가 나에게 어디로 가야 할지 알려주었다. He told me where to go.
= He told me where I should go.

나는 무엇을 해야 할지 몰랐다. I didn't know what to do.

어떤 가방을 선택해야 할지 몰랐다. I didn't know which bag to choose.

나는 운전을 할 줄 모른다. I don't know how to drive a car.

나는 언제 그를 만나야 할지 몰랐다. I didn't know when to meet him.

나는 컴퓨터 사용법을 모른다. I don't know how to use the computer.

163 '~해야 할지 말아야 할지, ~인지 아닌지'는 「whether to + 동사원형 + or not」 구문으로 표현합니다.

가야 할지 말아야 할지 결정하지 못했다.
I didn't decide whether to go or not.

나는 선생님이 될지 말지 확신하지 못하겠다.
I am not sure whether to be a teacher or not.

1 어떻게 감사를 표현해야 할지 몰랐다. (express 표현하다, gratitude감사)

I didn't know how _____.

2 무슨 옷을 입을지 아직 결정하지 못했다. (which clothes 어떤 옷)

I didn't decide yet _____.

3 나는 무엇을 사야할지 선택할 수 없었다.

I couldn't choose _____.

4 나는 언제 출발해야 하는지 알고 싶었다.

I wanted _____.

5 나는 무슨 말을 해야 할지 몰랐다.

I didn't _____.

6 누구에게 조언을 부탁해야 할지 몰랐다. (ask for advice 조언을 부탁하다)

I didn't _____.

7 그가 내게 무엇을 먼저 해야 할지 조언해 주었다. (advise 조언하다)

He advised me on _____.

8 나는 어느 출구를 이용해야 하는지 몰랐다. (which exit 어느 출구)

_____.

9 나는 그 떡 만드는 법을 알고 있다. (rice cake 떡)

_____.

10 친구들이 나에게 춤 잘 추는 방법을 가르쳐주었다.

_____.

 무엇을 해야 할지, 어디로 가야 할지 몰라 방황했던 일들을 일기로 써보세요.

Chapter 06

049 요리는 즐겁다. 동명사

☑ **나의 영작실력은?**

❶ 나는 만화책 10권 읽는 것을 끝냈다. → _____

❷ 나의 사랑이 식기 시작했다. → _____

영어일기가 쉬워지는 영작패턴

164 다음의 동사들은 주로 동명사(-ing)를 목적어로 취합니다.

---
enjoy 즐기다 | finish 끝마치다 | avoid 피하다 | practice 연습하다, 실천하다 | mind 꺼려하다, 싫어하다 | postpone, put off 연기하다 | give up 포기하다 | admit 인정하다 | deny 부인하다

나는 요리하는 것이 즐겁다. I enjoy cooking.

나는 음악 듣는 것을 즐긴다. I enjoy listening to music.

그곳에 가는 것을 피할 수가 없었다. I couldn't avoid going there.

나는 매일 피아노 치는 것을 연습한다. I practice playing the piano every day.

그는 거짓말한 것을 부인했다. He denied having told a lie.

나는 그것에 대해 토론하는 것을 연기했다. I postponed discussing it.

우리 아버지는 담배 피는 것을 포기하셨다. My dad gave up smoking.

나는 실수한 것을 인정했다. I admitted having made a mistake.

165 like, love, hate, dislike, begin, start, continue 등의 동사는 to부정사와 동명사를 모두 목적어로 취할 수 있습니다.

나는 단체로 여행하는 것을 좋아한다.
I like to take group tours. = I like taking group tours.

나는 그 지루한 일을 하기가 싫었다.
I hated to do the boring work. = I hated doing the boring work.

그는 갑자기 울기 시작했다.
He began to cry suddenly. = He began crying suddenly.

나는 세 시간 동안 계속해서 노래를 불렀다.
I continued to sing for three hours. = I continued singing for three hours.

1 오늘은 일찍 저녁식사를 마쳤다. (early 일찍)

Today I _____ .

2 우리 아버지는 몇 달 전에 술을 끊으셨다. (give up 포기하다)

My dad _____ a few month ago.

3 나는 자주 인터넷으로 컴퓨터 게임을 즐긴다. (on the Internet 인터넷으로)

I often _____ .

4 나는 친구들과 공 차는 것을 연습했다. (kick 차다)

I _____ with my friends.

5 나는 시험 중 커닝한 것을 인정했다. (cheat 커닝하다)

_____ in the exam.

6 나는 미술 전시회에 가는 것을 좋아한다. (art exhibition 미술 전시회)

_____ .

7 나는 군것질하는 것을 좋아한다. (eat between meals 군것질하다)

_____ .

8 구름이 하늘을 덮기 시작했다. (cover 덮다)

Clouds _____ .

9 비가 계속 내렸다. (continue 계속 ~하다)

_____ .

10 물이 끓기 시작했다. (boil 끓다)

_____ .

 동명사를 목적어로 취하는 동사들을 사용하여 일기를 써보세요.

050 거절하지 않을 수 없었다. 동명사 2

☑ **나의 영작실력은?**

❶ 나는 그의 행동에 놀라지 않을 수 없었다. → _____

❷ 나는 그를 어리석다고 생각하지 않을 수 없었다.

→ _____

영어일기가 쉬워지는 영작패턴

166 '~하지 않을 수 없다, ~할 수밖에 없다'는 cannot help -ing 또는 「cannot but + 동사원형」의 구문으로 표현합니다.

그의 제안을 거절하지 않을 수 없었다. I couldn't help rejecting his offer.
그에게 화를 내지 않을 수 없었다. I couldn't help being angry with him.
그를 용서하지 않을 수 없었다. I couldn't help forgiving him.
그의 정직함을 칭찬하지 않을 수 없었다. I couldn't help praising his honesty.
그의 조언을 따르지 않을 수 없었다. I couldn't help following his advice.
나는 흥분하지 않을 수 없었다. I couldn't help but be excited.
그와 사랑에 빠지지 않을 수 없었다. I couldn't help but fall in love with him.

167 cannot ~ too ...의 구문은 '아무리 …하게 ~해도 지나치지 않다'라는 표현을 나타낼 때 사용합니다.

친구를 선택할 때는 아무리 신중해도 지나치지 않는다.
We cannot be too careful when we choose our friends.
공부는 아무리 열심히 해도 지나치는 법은 없다. We cannot study too hard.

168 '~해 봤자 소용없다'는 there/it is no use -ing로 표현할 수 있으며 there is no -ing는 '~할 수 없다'라는 의미입니다.

나중에 후회해 봤자 소용없는 일이다. There is no use repenting later.
(속담) 이미 엎질러진 물이다. There/It is no use crying over spilt milk.
그가 거기 가는 것을 막을 수가 없었다. There was no preventing him from going there.

1 나는 건강검진을 받지 않을 수 없었다. (medical check-up 건강검진)

I couldn't help _____.

2 나는 그의 이야기를 믿지 않을 수 없었다. (believe 믿다)

I couldn't _____.

3 나는 그의 농담에 웃지 않을 수 없었다. (laugh at ~에 웃다)

_____ his joke.

4 우리는 아무리 정직해도 지나치는 법은 없다.

We _____ be _____ honest.

5 후회해 봤자 소용없었다. (repent 후회하다)

There was _____ repenting.

6 무슨 일이 일어나는지 알 수 없다.

There is no _____ what may happen.

7 나는 그의 선물을 받지 않을 수 없었다. (receive 받다)

_____ his present.

8 나는 그의 프러포즈를 받아들이지 않을 수 없었다. (accept 받아들이다)

_____ him.

9 나는 그에게 거짓말을 하지 않을 수 없었다. (tell a lie 거짓말하다)

_____.

10 나는 내 의견을 분명히 표현하지 않을 수 없었다. (express 표현하다)

_____.

 어쩔 수 없이 어떤 일을 해야만 했던 상황에 대해 일기를 써보세요.

051 돈 빌렸던 일을 잊었다. 동명사 vs. to부정사

☑ **나의 영작실력은?**

❶ 숙제를 미리 하지 않은 것이 후회된다. → _____

❷ 그 책 반납하는 것을 잊었다. → _____

─── **영어일기가 쉬워지는 영작패턴** ───

169 다음의 몇 가지 동사들은 뒤에 동명사와 to부정사가 목적어로 올 경우 의미가 달라
집니다. 동명사는 과거의 일을, to부정사는 앞으로의 일을 나타냅니다.

> - remember + 동명사 : (과거에) ~한 일을 기억하다
>   remember + to부정사 : (미래에) ~할 일을 기억하다
> - forget + 동명사 : (과거에) ~한 일을 잊다
>   forget + to부정사 : (미래에) ~할 일을 잊다
> - regret + 동명사 : (과거에) ~한 것을 후회하다
>   regret + to부정사 : (미래에) ~해야 할 일이 유감이다

나는 그에게 돈 빌렸던 일을 잊었다. I forgot borrowing some money from him.

나는 내일 그를 만날 것을 기억하고 있다. I remember to meet him tomorrow.

170 다음 동사들은 뒤에 동명사와 to부정사가 목적어로 올 경우 의미가 달라집니다.

> - stop + 동명사 : ~하는 것을 그만두다
>   stop + to부정사 : ~하기 위해 하던 일을 멈추다
> - try + 동명사 : 시험삼아 해보다
>   try + to부정사 : ~하려 노력하다
> - go on + 동명사 : ~을 계속하다.
>   go on + to부정사 : 쉬었다가 다시 계속해서 ~하다

나는 그에게 전화를 하려고 하던 일을 멈추었다. He stopped to call him.

그는 시험삼아 개에게 먹이를 주어보았다. He tried feeding the dog.

그는 다시 계속해서 그의 이야기를 했다. He went on to tell his story.

1   나는 작년에 그를 만난 것을 기억하고 있다.

I remember _____ last year.

2   나는 그전에 그와 싸운 것을 기억하고 있다. (fight 싸우다)

I _____ before.

3   나는 그에게 메일 보낼 일을 잊었다. (send 보내다)

I _____ an e-mail.

4   나는 은행에 갈 일을 잊었다. (bank 은행)

I _____ .

5   나는 먹지 않겠다고 말한 것이 후회된다.

I regret _____ that _____ .

6   그는 게시판에 글 올리는 것을 그만두었다. (post messages 글을 게시하다)

He _____ on the board.

7   나는 그 건물에 들어가려고 걸음을 멈추었다. (enter 들어가다)

_____ .

8   그녀는 우아한 척하려고 애썼다. (pretend to ~인 척하다)

_____ .

9   나는 그 어려운 문제를 풀어보려고 시도했다.

_____ .

10   그는 계속 잔소리를 했다. (nag 잔소리하다)

_____ .

 잊었거나 기억하고 있는 일들에 대해 일기로 써보세요.

What should I do?

Cloudy, Tuesday, 17 March

I've had some trouble recently. I tried solving the problems, but it was not easy. I was worried about them all the time. What should I do? I needed some helpful advice to solve them. I didn't know who to ask for some advice. I looked for someone to help me, so I decided to ask one of the older students. I visited him, but I hesitated how to start talking. I explained my difficult situation to him. He advised me one step at a time on what to do and how to do. Thanks to his kind advice, I was able to solve the problem. I was very grateful for his kindness. I didn't know how to express my thanks to him.

나 어떡해야 해!?

나는 요즈음 고민이 좀 있다. 나 혼자 그 문제를 해결하려고 해보았으나 쉽지가 않았다. 나는 그것에 대해 항상 걱정이 되었다. 어떡해야 하나? 나는 그 문제를 해결할 수 있는 데 도움이 되는 조언이 필요했다. 나는 누구에게 조언을 구해야 할지 몰랐다. 그래서 선배 중 한 명에게 도움을 요청하기로 결정했다. 나는 그에게로 갔으나, 무슨 말부터 시작해야 할지 주저주저했다. 나는 그에게 나의 어려운 상황을 설명했다. 그는 나에게 무엇을 해야 하는지, 어떻게 해야 하는지 하나씩 차근차근 조언해 주었다. 그의 친절한 조언 덕분에, 그 문제를 해결할 수 있었다. 그의 친절에 대해서 매우 고마웠다. 그에게 어떻게 감사의 표현을 해야 할지 모르겠다.

trouble 근심, 고민 | **try -ing** ~해 보다 | **recently** 최근에 | **all the time** 항상, 내내 | **ask for** ~을 요청/부탁하다 | **hesitate** 주저하다, 망설이다 | **explain** 설명하다 | **situation** 상황 | **one step at a time** 하나씩 차근히 | **thanks to** ~ 덕분에 | **grateful** 감사하는 | **express** 표현하다

영작을 위한 표현

052 나는 명랑한 사람들이 좋다. 성격

☑ **나의 영작실력은?**

❶ 나는 사려 깊은 사람이 되려고 노력하고 있다.

→ _____

❷ 그는 어리지만 분별력이 있다. → _____

┌─── **영어일기가 쉬워지는 영작패턴** ───

171 보통 긍정적으로 생각되는 좋은 성격이나 태도를 나타내는 형용사에는 다음과 같은 것들이 있습니다.

겸손한 humble | 공손한 hospitable | 관대한 generous | 긍정적인 positive | 낙천적인 optimistic | 낭만적인 romantic | 내성적인 introvert, reserved | 다정한 friendly | 단호한 determined | 대담한 bold | 마음이 따뜻한 heartwarming | 매력적인 attractive, charming | 명랑한 cheerful | 바른 righteous | 발랄한 lively | 부지런한 diligent | 분별 있는 sensible | 붙임성 있는 amiable | 귀여운 cute | 사교적인 sociable | 사랑스런 affectionate | 사려 깊은 thoughtful | 성실한 sincere | 솔직한 frank, honest | 믿을 수 있는 reliable | 순진한 innocent | 신중한 considerate | 싹싹한 genial | 야망에 찬 ambitious | 온순한 meek, mild | 외향적인 outgoing, extrovert | 용감한 brave, courageous | 예의 바른 polite | 자신감 있는 confident | 정숙한 modest | 점잖은 gentle | 책임감이 있는 responsible | 활달한 jolly

나는 명랑한 사람들이 좋다. I like cheerful people.

나는 좀 내성적이다. I am a little reserved.

172 다음은 보통 부정적으로 생각되는 성격이나 태도를 표현하는 형용사입니다.

거들먹거리는 pretentious | 거만한 arrogant, haughty | 겁 많은 cowardly | 경솔한 careless | 고집 센 stubborn, persistent | 공격적인 aggressive | 교활한 cunning | 까다로운 picky | 나쁜 bad | 사악한 evil | 난폭한 violent, wild | 따지기 좋아하는 argumentative | 마음이 차가운 frigid | icy | 무관심한 indifferent | 변덕스러운 moody, capricious | 부정적인 negative | 비관적인 pessimistic | 비열한 mean | 비판적인 critical | 뻔뻔스러운 audacious | 사교성이 없는 unsociable | 화난 angry | 소극적인 passive | 소심한 timid | 겁쟁이의 cowardly | 수다스런 talkative | 수줍어하는 shy | 시끄러운 loud | 싸우기 좋아하는 quarrelsome | 예민한 sensitive

그녀는 매우 수다스럽다. She is very talkative.

나는 그가 너무 비열해서 싫다. I don't like him because he is too mean.

1 그녀는 정말 활발하다. (jolly 활발한)

She is _____.

2 그는 따지기를 좋아한다. (argumentative 따지기 좋아하는)

He _____.

3 나는 사랑스런 여자를 만났다. (affectionate 사랑스런)

I met _____ girl.

4 나는 그가 적극적이고 긍정적이어서 그를 좋아한다. (active 적극적인)

I _____, because he is _____.

5 그는 성실하며 남을 잘 돕는다. (sincere 성실한, others 다른 사람들)

He is _____ and _____ well.

6 그는 자신감이 있어서 무대 공포증이 없다. (stage fright 무대 공포증)

_____, so he has no _____.

7 그녀는 겁이 많아서 밤에 혼자 돌아다니지 않는다. (hang around 배회하다)

She doesn't _____ at night because _____.

8 그녀는 성격이 매우 예민한 것이 아니라 까다롭다. (not A but B A가 아니라 B)

She is not _____ but _____.

9 그녀는 매력적이어서 인기가 좋다. (popular 인기 있는)

_____.

10 난 매우 사교적이고 솔직해서 친구가 많다.

_____.

 자신과 주변 사람들의 성격에 대해 일기로 써보세요.

053 그는 잘생겼다. 외모

☑ **나의 영작실력은?**

❶ 그는 너무 살이 쪄서 살을 빼야 한다. → _____

❷ 나는 지적으로 보이고 싶다. → _____

영어일기가 쉬워지는 영작패턴

173 다음은 외모를 나타내는 형용사입니다.

고운 fair | 과체중인 overweight | 귀여운 cute | 깔끔한 neat | 근육질의 muscular | 뚱뚱한 fat |
땅딸막한 stocky | 마른 thin | 멋진 nice | 못생긴 ugly | 매력적인 attractive, charming | 매혹적
인 fascinating | 맵시 있는 smart | 배가 나온 potbellied | 비쩍 마른 skinny | 살찐 obese | 수
수한 plain | 세련된 refined | 세련되지 않은 homely | 아름다운 beautiful | 야윈 meager | 오통
통한 chubby | 우아한 graceful | 유연한 elastic | 유행하는 fashionable | 예쁜 pretty | 잘생긴
handsome | 지적인 intelligent | 키가 작은 short | 키가 큰 tall | 키가 작고 통통한 stout | 포동포
동한 plump | 평범한 ordinary | 패션 감각이 있는 stylish | 화려한 gorgeous | 호리호리한 slim

그는 잘생겼다. He is handsome.

그녀는 정말 아름답다. She is really beautiful.

그녀는 무척이나 멋지다. She is very gorgeous.

그는 훤칠하고 잘생겼다. He is tall and handsome.

그녀의 외모는 평범하다. Her appearance is ordinary.

174 외모를 나타내는 형용사로 be동사와 함께 쓰이기도 하지만, '~하게 보이다'라고 할
경우에는 「look + 형용사」의 형태로 나타냅니다.

그는 그 옷을 입으니 멋져 보인다. He looks nice in those clothes.

그녀는 지적으로 보인다. She looks intelligent.

그녀는 살쪄 보인다. She looks fat.

그녀는 수수한 외모다. She looks plain.

그녀는 그저 그렇게 생겼다. She looks homely.

그는 못생겨 보인다. He looks ugly.

1 한 땅딸막한 사람이 나에게 다가왔다. (stocky 땅딸막한, approach 다가오다)

A _____ man _____.

2 그는 깔끔해 보이지 않았다. (look ~하게 보이다, neat 깔끔한)

He didn't _____.

3 나는 외모에 관심이 있다. (be interested in ~에 관심이 있다)

I am _____ my appearance.

4 나는 과체중인 것 같다. (seem to ~인 것 같다)

I _____ be _____.

5 나는 패션모델들처럼 비쩍 마르고 싶다. (fashion model 패션모델)

I want to _____ like _____.

6 나는 예쁘게 보이려고 화장을 했다. (put on make up 화장을 하다-동작)

_____ to look _____.

7 화장을 하면 나는 어려 보인다. (wear make up 화장을 하다-상태)

_____ when _____.

8 나는 유행하는 헤어스타일을 원한다. (fashionable 유행하는, hairdo 헤어스타일)

_____.

9 나는 키에 비해 과체중이다. (for one's height ~의 키에 비해)

_____.

10 그는 키가 크지도 않고 잘생기지도 않았다. (neither A nor B A도 B도 아닌)

_____.

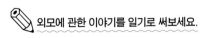 외모에 관한 이야기를 일기로 써보세요.

054 그는 마음이 따뜻한 사람이다. 복합형용사

☑ **나의 영작실력은?**

❶ 나는 왼손잡이다. → _____

❷ 그는 마음이 따뜻한 사람이다. → _____

영어일기가 쉬워지는 영작패턴

175 다음은 두 단어가 모여 하나의 형용사 역할을 하는 어구들로 보통 be동사와 함께 쓰이거나 명사 앞에서 명사를 수식하는 형태로 쓰입니다.

성격 absent-minded 건망증이 있는 | narrow-minded 속좁은 | broad-minded 마음이 넓은 | right-minded 마음이 곧은 | open-minded 편견이 없는, 허심탄회한 | strong-minded 의지가 강한 | warm-hearted 마음이 따뜻한 | tender-hearted 다정다감한 | hard-hearted 무정한 | cold-hearted 냉정한 | short-tempered 성질이 급한 | good-tempered 성격이 좋은 | bad-tempered 심술궂은 | ill-tempered 까다로운 | ill-natured 마음씨가 나쁜 | high-spirited 기운찬 | low-spirited 풀이 죽은 | strong-willed 의지가 강한 | weak-willed 의지가 약한 | well-mannered 예의가 바른 | ill-mannered 무례한 | good-natured 성품이 착한 | self-assured 자신감이 넘치는 | self-centered 자기중심적인 | quick-witted 재치가 있는 | easy-going 느긋한

외모 blue-eyed 눈이 파란 | bright-eyed 눈이 총명한 | curly-haired 머리가 굽실거리는 | fair-skinned 피부가 좋은 | round-faced 얼굴이 둥근 | sun-tanned 선탠을 한 | left-handed 왼손잡이인 | slender-hipped 엉덩이가 야윈 | long-legged 다리가 긴 | flat-footed 평발인 | well-built 체격이 좋은 | up-turned 위로 들린 | flat-nosed 코가 납작한 | 어깨가 넓은 broad-shouldered | 어깨가 좁은 narrow-shouldered

차림 well-dressed 잘 차려입은 | low-necked 목이 깊이 파인 | high-necked 목 위까지 올라온 | tight-fitting 몸에 꽉 끼는 | open-toed 발가락이 보이는 | high-heeled 굽이 높은 | flat-heeled 굽이 낮은 | good-looking 잘 어울리는, 잘생긴 | untidy-looking 단정해 보이지 않는 | new-fashioned 신식인 | old-fashioned 구식인, 촌스러운

그는 마음이 따뜻한 사람이다. He is a warm-hearted man.

그는 사람이 좀 구식이다. He is old-fashioned.

나는 피부가 희고 깨끗하다. I am fair-skinned.

나는 코가 납작하다. I am flat-nosed.

그는 항상 기운이 넘친다. He is always high-spirited.

1 그는 냉정한 사람이다. (cold-hearted 냉정한)

He is _____.

2 그는 편견이 없다.

He is _____.

3 나는 코가 들창코이다.

I have _____.

4 우리 형은 평발이다.

My brother _____.

5 나는 굽 높은 신발을 좋아하지 않는다.

_____.

6 그는 재치가 있어서 인기가 있다.

_____ because _____.

7 그는 자기중심적이어서 나는 그를 싫어한다.

_____ because _____.

8 나는 목이 깊이 파인 옷을 입지 않는다.

_____.

9 그는 매우 자신감이 넘친다.

_____.

10 나는 성품이 착한 사람들을 좋아한다.

_____.

 복합형용사를 이용하여 자신의 외모와 성격을 써보세요.

055 많은 사람들이 그렇게 생각한다. 수량형용사 1

☑ **나의 영작실력은?**

❶ 많은 사람들이 파티에 왔다. → _____

❷ 그것은 한 사람에 하기에는 너무 많은 일이었다.

   → _____

--- **영어일기가 쉬워지는 영작패턴** ---

176 많고 적음을 나타내는 말은 수와 양 중에서 어떤 것을 나타내는 것인지에 따라 표현방법이 다릅니다. 다음 표는 수와 양에 따라 '많은'의 의미를 나타내는 표현들입니다.

의미	수 (+ 복수명사)	양 (+ 셀 수 없는 명사)
많은	many a great/large number of	much a good/great deal of

많은 사람들이 그렇게 생각한다. Many people think so.
냉장고에 많은 사과가 있다. There are many apples in the refrigerator.
나는 많은 물을 마시지 않는다. I don't drink much water.
공원에 쓰레기가 너무 많았다. There was so much trash in the park.
그 케이크에 많은 버터가 사용되었다. A good deal of butter was used for the cake.

177 다음은 수와 양에 모두 쓰일 수 있는 표현들입니다.

의미	수 (+ 복수명사)	양 (+ 셀 수 없는 명사)
많은		a lot of lots of plenty of

많은 우유를 마셨다. I drank a lot of milk.
나는 친구가 많다. I have lots of friends.

Chapter 07

1 나는 많은 실수를 했다. (mistake 실수)

I made _____.

2 나는 많은 액세서리를 가지고 있다. (accessory 액세서리)

I _____.

3 나는 좋은 추억이 많다. (memory 추억)

I have _____ good _____.

4 나는 해야 할 일이 너무 많다.

I have _____ to do.

5 그 영화는 난폭한 장면들이 많았다. (violent 난폭한, scene 장면)

The movie had _____.

6 그는 아픈 사람들을 위해 착한 일을 많이 한다. (do good things 착한 일을 하다)

He does _____ for the sick.

7 건강하려고 많은 물을 많이 마신다.

I _____ to be healthy.

8 많은 학생들이 시험에 대해 걱정한다. (be worried about ~에 대해 걱정하다)

_____.

9 그 시험이 나에게 많은 스트레스를 주었다.

_____.

10 그 책은 나에게 많은 정보를 주었다. (information 정보)

_____.

 주변에 많이 있는 것이 무엇인지에 대해서 글을 써보세요.

056 사과가 몇 개 있다. 수량형용사 2

❶ 방에 아이들이 몇 명 있었다. → _____

❷ 나는 주머니에 돈이 조금 있었다. → _____

영어일기가 쉬워지는 영작패턴

178 '몇 개의, 약간의'처럼 수의 적음을 나타낼 때는 a few를 사용하며, 양의 적음을 나타낼 때는 a little로 표현합니다. some도 '약간의'라는 의미를 가지고 있으며, 이는 수와 양에 상관없이 쓸 수 있습니다.

구분	수 (+ 복수명사)	양 (+ 셀 수 없는 명사)
약간의	a few	a little
	some	
거의 없는	few	little

바구니에 사과가 몇 개 있다. **There are a few apples in the basket.**
냉장고에 와인이 조금 있었다. **There was a little wine in the refrigerator.**
나는 약간의 기름이 필요했다. **I needed some oil.**

179 a few, a little에서 부정관사가 빠진 few, little은 '거의 없는, 별로 없는'과 같이 부정의 의미를 나타냅니다.

그는 친구가 거의 없다. **He has few friends.**
우리집에는 그림이 별로 없다. **We have few paintings in my house.**
우리는 희망이 거의 없었다. **We had little hope.**

180 a little은 형용사나 부사 앞에서, 또는 동사를 꾸며 '약간, 조금'의 뜻으로도 쓰입니다.

약간 더 시원해졌다. **It became a little cooler.**
나는 조금 움직였다. **I moved a little.**

1 그는 며칠 후에 떠날 것이다.

He is leaving _____.

2 내가 수수께끼 몇 개를 맞췄다. (guess 추측하다, riddle 수수께끼)

I guessed _____.

3 몇 가지 이유가 있었다. (reason 이유)

I had _____.

4 나는 배를 몇 개 샀다. (pear 배)

_____.

5 그들은 약간의 희망을 가지고 있었다. (hope 희망)

_____.

6 나는 약간 열이 있었다. (fever 열)

_____.

7 올해는 비가 거의 오지 않았다. (this year 올 해)

There _____.

8 나는 요즘에는 시간이 거의 없다. (these days 요즈음)

_____.

9 그것은 약간 특이했다. (extraordinary 특이한)

_____.

10 좀 더 오래 자고 싶었다. (longer 더 오래)

_____.

 자신이 가지고 있는 것 중 조금밖에 없는 것들에 대하여 이야기해 보세요.

057 그에게 줄 만큼 충분한 돈이 없었다. 수량형용사 3

☑ **나의 영작실력은?**

❶ 그는 꽤 많은 책을 가지고 있다. → _____

❷ 나는 그 영화를 볼 만큼 충분한 나이가 되었다.

→ _____

┌─ 영어일기가 쉬워지는 영작패턴 ─

181 '꽤 많은, 상당히 많은'의 의미는 다음과 같이 표현합니다.

구분	수 (+ 복수명사)	양 (+ 셀 수 없는 명사)
꽤 많은	quite a few not a few	quite a bit of
	considerable	

그녀는 꽤 많은 액세서리를 가지고 있다. She has quite a few accessories.

상당수의 학생들이 모임에 참석하지 않았다.
Not a few students didn't attend the meeting.

나는 꽤 많은 돈을 저축했다. I saved quite a bit of money.

상당량의 설탕이 사용되었다. Considerable sugar has been used.

182 '충분한, 충분히'의 표현은 enough로 나타낼 수 있는데, 이는 명사와 함께 쓰일 때는 「enough + 명사」 구문으로 enough가 명사 앞에 와야 하며, 형용사나 부사와 함께 쓰일 때는 그 뒤에 enough를 써서 「형용사/부사 + enough」 구문으로 '충분히 ~한/~하게'를 표현합니다. '~할 만큼 충분한/충분히'라고 표현해야 할 경우엔 뒤에 to부정사를 써서 '~할 만큼'의 의미를 나타냅니다.

나는 그에게 줄 만큼 충분한 돈이 없었다. I didn't have enough money to give him.

나는 충분한 휴식을 취하지 못했다. I didn't get enough rest.

나는 충분히 빨리 달렸다. I ran fast enough.

나는 그를 도와줄 만큼 충분히 친절하지 않았다. I was not kind enough to help him.

1 나는 꽤 많은 시간이 필요했다.

I needed _____.

2 놀이공원에는 꽤 많은 사람들이 있었다. (amusement park 놀이공원)

There were _____ in the amusement park.

3 나는 그 차를 살 만큼 꽤 많은 돈이 있었다.

I had _____ to buy the car.

4 나는 그에게 꽤 많은 이메일을 보냈다. (send 보내다)

I sent him _____.

5 전자사전을 살 만큼 돈이 충분하지 않았다. (electronic dictionary 전자사전)

I didn't have _____ to _____.

6 그 노래는 나를 춤 추게 할 만큼 충분히 흥겨웠다. (merry 흥겨운)

The song was _____.

7 춤은 기분전환이 될 정도로 충분히 재미있었다. (refresh 기분전환 시키다)

_____.

8 그는 그 일을 할 수 있을 정도로 충분히 영리하다.

_____.

9 나는 낮잠을 충분히 잘 시간이 없었다. (take a nap 낮잠 자다)

_____.

10 나는 무엇이 잘못된 것인지 알 만큼 충분한 나이가 되었다.

_____.

 무엇을 충분히 또는 꽤 많이 가져본 적이 있나요? 그 이야기를 일기로 써보세요.

Chapter 07

058 어떤 사람이 날 쳐다보았다. 뜻이 달라지는 형용사

☑ 나의 영작실력은?

❶ 작고한 그 의사 분은 참 친절했었다. → _____

❷ 머지않아 나는 영어를 잘하게 될 것이다.

　→ _____

영어일기가 쉬워지는 영작패턴

183 형용사 중에는 명사의 앞뒤에서 명사를 꾸며줄 때와 동사를 보충해 주는 보어로 쓰일 때 뜻이 달라지는 것들이 있습니다.

형용사	명사를 꾸며줄 때의 의미	보어로 쓰일 때의 의미
certain	어떤	확실한, 확신하는
present	현재의	출석한, 참석한
late	작고한	늦은
concerned	관계된, 관련된	걱정하는, 관심이 있는

어떤 사람이 날 쳐다보았다. A certain person looked at me.

나는 그것이 성공할지 확신하지 못한다.
I am not certain whether it will succeed.

나는 모임에 늦었다. I was late for the meeting.

그는 모임에 참석하지 않았다. He was not present at the meeting.

184 형용사가 전치사와 함께 하나의 의미를 이루어 쓰이는 경우가 있습니다.

for certain 확실히 | for good 이를 마지막으로 영원히 | for real 정말로 | in vain 헛되이 | in short 요약하면 | in general 일반적으로, 대체로 | in common 공통적으로 | in particular 특히 | before long 머지않아

우리는 공통적인 취미가 많다. We have a lot of hobbies in common.

그와 화해하려고 했으나 허사였다.
I tried to make it up with him, but it was in vain.

나는 특별히 아무 일도 않고 시간만 보냈다. I killed time doing nothing in particular.

1 나는 동창회에 늦지 않으려고 서둘렀다. (hurry up 서두르다, alumni meeting 동창회)

I hurried up not to _____.

2 현재의 상황이 매우 어렵다. (situation 상황, tough 어려운, 각박한)

The _____ is _____.

3 나는 그 결과에 대해서 걱정이다. (concerned 걱정하는)

I _____ the result.

4 나의 그의 현재 주소를 모른다. (address 주소)

I don't know his _____.

5 모든 회원이 다 참석했다. (member 회원)

All the members _____.

6 대체로, 우리 가족은 숫기가 없다. (bashful 숫기가 없는, 수줍어하는)

_____, my family _____.

7 동생과 나는 공통점이 많다. (a lot 많이)

My younger brother and I _____.

8 나는 특별히 취미가 없다.

I _____.

9 내가 그를 구해 보려고 했으나 허사였다. (save 구하다)

_____.

10 나는 이를 마지막으로 영원히 정크푸드를 그만 먹을 것이다. (junk food 정크푸드)

_____.

 형용사의 쓰임에 유의하면서 일기를 써보세요.

059 잠이 들었다. 한 가지 역할만 하는 형용사

☑ **나의 영작실력은?**

❶ 그 미술관은 가볼 가치가 있는 곳이다. → _____

❷ 나는 나무로 된 의자를 하나 갖고 싶다. → _____

영어일기가 쉬워지는 영작패턴

185 a로 시작하는 형용사나 감정과 반응을 나타내는 몇몇 형용사들은 명사를 꾸며주는 역할을 하지 못하고, 동사나 목적어를 보충해 주는 보어로만 쓰입니다.

> **a로 시작하는 형용사** afraid 두려워하는 | alike 같은 | alive 살아 있는 | asleep 잠들어 있는 | awake 깨어 있는 | aware 알고 있는 | ashamed 부끄러운
>
> **감정·반응을 나타내는 형용사** content 만족하는 | glad 기쁜, 반가운 | pleased 기쁜, 만족한 | unable ~할 수 없는 | worth ~의 가치가 있는

살아 있는 동물들이 있다. **There are** *alive* **animals. (X) → There are** living **animals. (O)**
그것들은 살아 있었다. **They were** alive.
그것들은 나에게 모두 같았다. **They were all** alike **to me.**
그것들은 곧 잠이 들었다. **They fell** asleep.
내가 그렇게 말하다니 부끄럽다. **I am** ashamed **to say so.**

186 mere(단지의), only(유일한), outer(밖의), very(바로 그), wooden(나무로 된), golden(금으로 된), elder(손위의), utter(완전한), former(이전의, 전자의), latter(후자의) 등의 형용사들은 보어로 오지 못하고 명사 앞에서만 쓰입니다.

나는 우리 형을 좋아한다. **I like my** elder **brother.**
금반지를 하나 가지고 싶다. **I want a** golden **ring.**
유일한 기회를 놓쳤다. **I missed the** only **chance.**
그는 아예 모르는 사람이다. **He is an** utter **stranger.**

1 나는 밤새도록 깨어 있었다. (all night 밤새)

I was _____.

2 무언가가 잘못되어 있음을 알고 있었다. (aware 알고 있는, wrong 잘못된)

I _____ that _____.

3 나는 소음 때문에 잠이 들 수가 없었다. (noise 소음)

I couldn't _____ because of _____.

4 나는 예기치 않은 결과에 만족하지 못했다. (unexpected 예기치 않은)

I was _____ with _____.

5 나는 언니가 두 명 있다.

I have _____.

6 나는 나무로 된 책상이 하나 있다.

_____.

7 나는 어제 전직 대통령을 보았다. (president 대통령)

_____.

8 우리는 외계에 대해 공부했다. (outer space 외계)

_____.

9 그 책은 읽을 만한 가치가 있다고 생각한다.

_____.

10 그것이 나의 유일한 희망이었다.

_____.

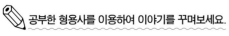 공부한 형용사를 이용하여 이야기를 꾸며보세요.

Chapter 07

060 날씨가 너무 좋아서 산책하고 싶었다. 너무 ~해서 …하다

☑ **나의 영작실력은?**

❶ 나는 너무 피곤해서 잠시 쉬었다. → _____

❷ 나는 너무 화가 나서 더 이상 참을 수가 없었다.

→ _____

┌─ **영어일기가 쉬워지는 영작패턴** ─────────────────────

187 '너무 ~해서 …하다'는 so나 such를 사용하여 다음의 구문으로 나타낼 수 있습니다.

> ■ so + 형용사/부사 + that + 주어 + 동사 ~
> ■ so + 형용사 + a/an + 명사 + that + 주어 + 동사 ~
> ■ such + a/an +(형용사) + 명사 + that + 주어 + 동사 ~

날씨가 너무 좋아서 산책하고 싶었다.
The weather was so fine that I wanted to take a walk.

나는 너무 당황해서 방에서 나올 수가 없었다.
I was so embarrassed that I couldn't go out of the room.

그는 너무 멋진 남자여서 나는 그를 좋아한다.
He is so nice that I like him.

너무 붐비는 버스여서 앉을 자리가 없었다.
It was such a crowded bus that there wasn't any seat to sit on.

그는 너무 점잖은 사람이어서 나는 그를 좋아한다.
He is such a gentle guy that I like him.

188 '(…에게는) 너무 ~해서 – 할 수 없다'는 「too ~ (for …) to + 동사원형」의 구문으로 표현하며, 이는 so ~ that … can't로 바꿔 쓸 수도 있습니다.

나는 너무 바빠서 그에게 전화를 못했다.
I was too busy to call him. =I was so busy that I couldn't call him.

나에게는 이 책이 너무 어려워 읽을 수가 없었다.
This book was too difficult for me to read. = This book was so difficult that I couldn't read it.

나에게는 그것이 너무 성가셔서 잠을 잘 수가 없었다.
It was too annoying for me to sleep. = It was so annoying that I couldn't sleep.

1 너무 추워서 히터를 켰다. (turn on 켜다, heater 히터)

It _____ that I _____.

2 내가 너무 일찍 도착해서 한 시간을 기다려야 했다. (early 일찍)

I _____ that _____ for an hour.

3 너무 서두르는 바람에 지갑을 가져오는 것을 잊었다. (bring 가져오다, wallet 지갑)

I was in _____ that _____.

4 나는 그 책이 너무 재미있어서 두 번 읽었다. (twice 두 번)

The book _____.

5 나는 너무 창피해서 말을 할 수가 없었다. (speak 말하다)

I _____.

6 나는 너무 바빠서 샤워도 못했다.

I was _____.

7 나는 너무 피곤해서 집안일을 할 수 없었다. (do the housework 집안일을 하다)

_____.

8 나는 너무 걱정이 되어 잠도 잘 잘 수 없었다. (worried 걱정이 되어)

_____.

9 너무 어두워서 공이 보이지 않았다. (dark 어두운)

_____.

10 나는 너무 바빠서 이메일을 확인할 수 없었다. (check 확인하다)

_____.

 일이나 정도가 너무 심했던 경우를 일기로 써보세요.

Chapter 07

061 코를 심하게 곤다. 부사

☑ **나의 영작실력은?**

❶ 우리 가족은 함께 행복하게 산다. → _____

❷ 그들은 멀리 떨어져서 산다. → _____

───── **영어일기**가 **쉬워지는 영작패턴** ─────

189 '~하게/으로/히' 등의 의미를 갖는 부사는 동사나 형용사, 다른 부사 또는 문장 전체를 꾸며주는 말로, 형용사 뒤에 -ly를 붙여 만들기도 하고, 단어 자체가 부사인 경우도 있습니다. 다음은 형용사에 -ly 또는 비슷한 변형을 이용하여 부사가 된 경우입니다.

kind → kindly 친절하게 | honest → honestly 정직하게 | beautiful → beautifully 아름답게 | fluent → fluently 유창하게 | brave → bravely 용감하게 | happy → happily 행복하게 | heavy → heavily 무겁게, 심하게 | lucky → luckily 운 좋게 | idle → idly 게으르게 | noble → nobly 고결하게 | possible → possibly 아마도 | dull → dully 멍청하게 | full → fully 완전히 | true → truly 진실하게 | energetic → energetically 활동적으로 | tragic → tragically 비극적으로

우리 아버지는 코를 심하게 고신다. My dad snores heavily.
우리는 신중하게 계획을 세웠다. We planned prudently.
나는 캐주얼하게 옷 입는 것을 좋아한다. I like to dress casually.

190 다음은 시간, 장소, 정도, 모양이나 태도를 나타내는 부사들입니다.

시간 now 지금 | before 이전에 | ago 전에 | already 이미 | just 방금 | later 나중에 | still 아직도 | soon 곧 | late 늦게 | early 일찍

장소 here 여기에 | there 저기에 | upstairs 위층으로 | far 멀리 | away 떨어져서 | down 아래로 | up 위로

정도 very 매우 | much 많이 | completely 완전히 | enough 충분히

모양·태도 well 잘 | slowly 천천히 | safely 안전하게

지금 나는 외출할 준비가 되었다. Now I am ready to go out.
나는 나중에 갈 것이다. I will go later.
나는 그가 곧 회복되기를 바란다. I hope he will get well soon.

1 그는 매우 천천히 말했다.

He spoke _____ .

2 나는 그의 질문에 예의바르게 대답했다. (answer 대답하다)

I _____ .

3 그는 나를 따뜻하게 맞아주었다. (welcome 맞이하다)

He _____ .

4 나는 그 지루한 역사책을 빨리 읽었다. (boring 지루한, quickly 빨리)

I _____ .

5 그가 그 위험으로부터 나를 용감하게 구해 주었다. (save 구하다)

He _____ .

6 나는 유창하게 영어를 말하고 싶다. (fluently 유창하게)

_____ .

7 나는 나의 어린 시절을 생생하게 기억한다. (childhood 어린 시절, vividly 생생하게)

_____ .

8 돈을 무분별하게 쓰지 말아야 한다. (thoughtlessly 무분별하게)

_____ .

9 공원 안 여기저기에서 다양한 행사가 있었다. (various 다양한, event 행사)

_____ .

10 나는 모기 때문에 잠을 잘 잘 수가 없었다. (mosquito 모기)

_____ .

 다양한 부사를 이용하여 일기를 써보세요.

Chapter 07

062 언제나 늦게 온다. [빈도부사]

☑ 나의 영작실력은?

❶ 나는 보통 TV를 많이 보는 편이다. → _____

❷ 나는 항상 근면한 일꾼이 되려고 노력한다.

→ _____

영어일기가 쉬워지는 영작패턴

191 횟수나 빈도를 나타내는 부사를 빈도부사라고 합니다. 이 부사를 빈도의 정도에 따라 나열하면 다음과 같습니다. 이는 보통 일반동사 앞, be동사나 조동사 뒤에 위치하는데, sometimes는 문장 앞에 위치하기도 합니다.

- always : 언제나, 항상
- usually : 보통, 일반적으로
- often : 흔히, 자주, 종종
- sometimes : 때때로, 이따금, 간혹
- seldom : 좀처럼 ~ 않다
- rarely, hardly ever : 드물게, 거의 ~ 않다
- never : 한 번도 ~ 않다, 절대 ~ 않다

그는 언제나 늦게 온다. He always comes late.

나는 언제나 저녁에는 TV를 본다. I always watch TV in the evening.

나는 항상 그를 도울 수 있다. I can always help him.

나는 저녁에 보통 집에 있다. I am usually at home in the evening.

나는 종종 그를 방문한다. I often visit him.

인터넷 접속이 자주 끊긴다. I often get disconnected from the Internet.

때때로 나는 클래식 음악을 즐긴다. Sometimes I enjoy classical music.

나는 가끔 과식을 한다. I sometimes eat too much.

그는 좀처럼 늦지 않는다. He is seldom late.

나는 아직 한 번도 외국에 나가본 일이 없다. I have never been abroad.

나는 내가 한 일에 대해서는 절대 걱정 안 한다. I am never anxious about what I did.

나는 라디오는 절대 듣지 않는다. I never listen to the radio.

그는 절대 화를 내지 않는다. He never gets angry.

1 우리 부모님은 나에게 항상 조심하라고 말씀하신다. (tell 말하다)

My parents _____ to be careful.

2 나는 항상 컴퓨터 앞에 앉아 있다. (in front of ~ 앞에)

I _____ in front of _____.

3 그는 항상 내 실수를 지적한다. (point out 지적하다)

He _____ my mistakes.

4 나는 '감사합니다.'라는 말을 자주 한다.

I _____ "Thank you."

5 때때로 나는 옛 친구들이 그리울 때가 있다. (miss 그리워하다)

_____ my old friends.

6 나는 가끔 부모님과 언쟁을 벌인다. (have arguments 언쟁을 벌이다)

_____.

7 나는 가끔 동생 때문에 스트레스를 받는다. (get stressed 스트레스를 받다)

_____.

8 나는 자주 친구들을 웃긴다. (make ~ laugh ~를 웃게 하다)

_____.

9 나는 친구들과 노래방에 자주 간다. (singing room 노래방)

_____.

10 그는 절대 춤을 추지 않는다.

_____.

 항상 하는 일, 가끔 혹은 자주 하는 일, 한 번도 하지 않은 일에 대해 일기를 써보세요

063 거의 모른다. 준부정어, 부분 부정

☑ **나의 영작실력은?**

❶ 나는 거의 감정을 조절할 수가 없었다. → _____

❷ 부자라고 항상 행복한 것은 아니다. → _____

── **영어일기가 쉬워지는 영작패턴** ──

192 rarely, seldom, hardly ever, scarcely 등은 '드물게/좀처럼/거의 ~ 않다'의 의미를 가진 준부정어로, 이 부사가 있는 문장은 not이 쓰이지 않습니다.

나는 그것에 대해 거의 알지 못한다. I hardly ever know about it.

나는 자정 이전에는 거의 잠자리에 들지 않는다.
I hardly ever go to bed before midnight.

나는 거의 땀을 흘리지 않는다. I hardly ever sweat.

나는 좀처럼 흥분을 가라앉힐 수가 없었다. I could seldom contain my excitement.

나는 담배 연기 때문에 거의 숨을 쉴 수가 없었다.
I could hardly ever breathe because of the smoke.

193 '모두, 전부, 항상, 둘 다, 반드시' 등을 나타내는 all, every, always, both, necessarily 등은 not, no, never 등의 부정어와 함께 쓰이면 부분적으로 부정하는 말이 됩니다. 그래서 '모두/전부/둘 다/반드시 ~한 것은 아니다'라는 의미가 됩니다.

번쩍인다고 해서 다 금은 아니다. All that glitters is not gold.

모두가 그를 좋아하는 것은 아니다. Everyone doesn't like him.

행복은 반드시 돈에서 오는 것은 아니다.
Happiness doesn't necessarily come from money.

나는 항상 우울한 것은 아니다. I am not always gloomy.

복잡한 일들을 모두 잊지는 못했다. I didn't forget all my troubles.

우리들 둘 다 그를 좋아하는 것은 아니었다. Both of us didn't like him.

우리가 다 그 결과에 만족한 것은 아니었다. All of us weren't satisfied with the result.

1 나는 거의 화를 내지 않는다. (get angry 화를 내다)

I _____.

2 나는 운동을 거의 하지 않는다. (exercise 운동하다)

I _____.

3 우리는 좀처럼 함께 저녁식사하는 일이 별로 없다. (together 함께)

We _____.

4 나는 그가 진실을 이야기하는 것을 거의 못 듣는다. (truth 진실)

I scarcely _____.

5 그건 모두 내 잘못만은 아니었다. (fault 잘못)

It _____.

6 나의 모든 친구들이 다 파티에 온 것은 아니었다. (party 파티)

_____.

7 그가 그것에 관한 모든 것을 알지는 못한다.

_____.

8 나는 그 모든 문제를 다 해결할 수는 없었다.

_____.

9 그는 좀처럼 마음을 바꾸지 않는다. (change 바꾸다)

_____.

10 그는 항상 비관적이지만은 않다. (pessimistic 비관적인)

_____.

 일상 중에 거의 하지 않거나, 항상 하지는 않지만 때때로 하는 일들에 대하여 일기로 써보세요.

064 요즘 살이 찐다. 혼동하기 쉬운 부사

☑ **나의 영작실력은?**

❶ 나는 최근에 그를 본 적이 없다. → _____

❷ 그 옷은 심하게 얼룩이 져 있었다. → _____

영어일기가 쉬워지는 영작패턴

194 다음의 부사들은 형용사에 -ly를 붙여서 부사로 만들 때, 그 의미가 달라지는 것들입니다. 의미가 전혀 다르게 바뀌는 것들이 있으니 혼동하지 않도록 주의해야 합니다.

high 높은, 높이 → highly 매우 | deep 깊은 → deeply 매우, 짙게, 철저히 | hard 열심히 → hardly 거의 ~ 않다 | near 가까운, 가까이 → nearly 거의 | bad 나쁜 → badly 나쁘게, 심하게, 몹시 | late 늦은, 늦게 → lately 최근에 | close 가까운, 가까이 → closely 자세히, 긴밀히 | short 간단한, 간단히 → shortly 곧 | most 가장 → mostly 대개는

요즘 살이 찌고 있다. I've been putting on weight lately.
그 다이아몬드는 매우 가치 있는 것이다. The diamond is highly valuable.
그의 이야기를 거의 믿을 수 없었다. I could hardly believe his story.
나는 기뻐서 거의 눈물이 나올 뻔했다. I nearly wept for joy.
나는 최근에 매우 바빴다. I've been so busy recently.
내 차는 사고로 심하게 부서졌다. My car was badly damaged in the accident.
우리는 곧 그의 소식을 듣게 될 것이다. We will hear from him shortly.

195 ago, before, since의 차이점에 대해 혼동하기 쉽습니다. ago는 과거시제와 함께 쓰여 '현재를 기준으로 하여 ~ 전에'라는 의미이고, before는 현재완료, 과거, 과거완료와 함께 쓰여 '지금보다 ~ 전에, 그때보다 ~ 전에'의 의미이며, since는 완료시제와 함께 쓰여 '과거를 기준으로 그 이후에, 그 이래로'의 의미입니다.

2년 전에 그는 일본으로 떠났다. He left for Japan two years ago.
나는 그를 전에 어디에선가 본 적이 있다. I have seen him somewhere before.
그 이후로 그의 소식을 못 들었다. I haven't heard from him since.

1 내 장래에 대해서 깊이 생각해 보았다. (think about ~에 대하여 생각하다)

I thought _____ about _____.

2 그 음악은 나를 깊이 감동시켰다. (move 감동시키다)

The music _____.

3 요즈음은 날씨가 매우 덥다.

It has been _____.

4 우리는 그것을 자세히 찾아보았다. (look for ~를 찾다)

We _____.

5 그는 사고로 심하게 부상을 입었다. (be injured 부상을 입다)

He was _____ in the accident.

6 음악회가 곧 끝날 것이다.

The concert _____.

7 그 일 하는 데 거의 한 시간이 걸렸다. (take 시간이 걸리다)

It _____.

8 그 이후로 나는 그 일을 한 번도 하지 않았다. (never 한 번도 ~ 않다)

I have _____.

9 나는 3년 전에는 그 버릇이 없었다.

_____.

10 나는 곧 나의 나쁜 버릇을 고칠 것이다. (correct 고치다)

_____.

 전에 어떤 일이 있었는지 상기하며 일기를 써보세요.

Chapter 07

065 그저께 그가 떠났다. 시간표현

☑ 나의 영작실력은?

❶ 우리는 격주로 만난다. → _____

❷ 나는 학교 가는 길에 선생님을 만났다.

→ _____

영어일기가 쉬워지는 영작패턴

196 다음은 영어로 일기 쓸 때 자주 쓰이는 시간 관련 부사(구)들입니다.

지금 now | 오늘 today | 어제 yesterday | 그저께 the day before yesterday | 내일 tomorrow | 모레 the day after tomorrow | 지난주 last week | 다음주 next week | 지난 주 오늘 a week ago today | 다음주 오늘 a week from today | 일주일 전에 a week ago | 일주일 후에 a week later | 작년 last year | 재작년 the year before last | 내년 next year | 내후년 the year after next | 작년 이맘때에 at this time last year | 내년 이맘때에 at this time next year | 오는 일요일에 on this coming Sunday | 매일 every day, each day | 매 달 every month, each month | 격주로 every two weeks, every other week | 격일로 every two days, every other day

그저께 그가 미국으로 떠났다. He left for America the day before yesterday.
모레 축구경기가 있다. We have a soccer game the day after tomorrow.

197 다음은 시간과 관련된 표현들입니다.

처음으로 for the first time | 처음에는 at first | 즉시, 곧 at once, at the same time, in no time | 지금 바로 right away, right now | 머지않아 after a while, before long | 갑자기 all at once, all of a sudden, without notice | 드디어, 마침내 at last, in the end, in the long run, after all | 잠시 동안 for a minute, for a while, for a short time, for a little while | 오랫동안 for ages, for years, for a long time | 최근에 these days, of late, lately, recently | 그 당시에는 in those days | 옛날 옛적에 once upon a time | 지금까지 so far, up to now, until now | 앞으로는 from now on | 미래에 in the future | 나중에 later on, some time later | 가끔 now and then, from time to time, once in a while, on and off | ~하는 중에 in the course of, in the middle of | ~로 가는 중에 on one's way to | 영원히 forever, for good

나는 그 광경을 처음으로 보았다. I saw the scene for the first time.
그녀는 시험에 합격하려고 여러번 시도했었는데 드디어 성공했다.
She tried many times to pass the exam, and in the end she succeeded.

1 지난주에 내 컴퓨터가 고장났다. (break down 고장나다)

My computer _____.

2 처음에는 그가 나를 격려해 주었다. (encourage 격려하다)

_____, he _____.

3 지금 당장 나는 TV 보는 것을 그만둘 것이다.

I will stop _____.

4 나는 오랫동안 그를 기억할 것이다.

I will _____.

5 나는 앞으로는 절대 과식하지 않을 것이다.

I will never _____.

6 가끔 나는 두통으로 고생한다. (suffer from ~로 고생이다)

_____, I _____.

7 저녁식사 중에 그의 휴대폰이 울렸다. (ring 울리다)

_____.

8 마침내 그는 운전면허증을 땄다. (driver's license 운전면허증)

_____, he _____.

9 지금까지 나는 뮤지컬을 한 번도 본 적이 없다. (musical 뮤지컬)

_____.

10 잠시 동안 아무것도 하기 싫었다.

_____.

 시간 관련 표현이 포함된 문장으로 일기를 써보세요.

모범일기 07

My family

Perfect, Friday, 14 April

My family members are my dad, mom, elder brother and myself. Each member of my family have their unusual habits. My dad likes smoking and drinking very much. He promises to stop smoking and drinking whenever my mom nags at him, but he never stops. My mom has various habits, and one of them is changing her hair style often. She has even several styles of wigs. My elder brother is crazy about body building. He does weight training to make his muscles bigger. He lifts weights every day in the fitness club. I am not interested in studying, but in playing various musical instruments. I want to learn how to play as many musical instruments as possible. I've learned how to play the piano, the harmonica, the ocarina, the flute and the clarinet until now. Because our family does what we want to do, we seem to continue getting along well without any complaints.

우리 가족

우리 가족은 엄마, 아빠, 형, 그리고 나 이렇게 넷이다. 우리 가족은 모두 특이한 습관들을 가지고 있다. 우리 아빠는 담배와 술을 아주 좋아하신다. 엄마가 잔소리를 하실 때마다, 금연·금주를 하겠다고 약속하시지만 여전히 담배와 술을 계속 하신다. 우리 엄마는 다양한 습관을 가지고 있는데 그중 하나가 머리 모양을 자주 바꾸는 것이다. 심지어는 여러 모양의 가발까지도 가지고 계신다. 우리 형은 몸 만드는 것에 빠져 있다. 그는 근육을 크게 하기 위해 웨이트 트레이닝을 한다. 그는 매일 헬스장에서 무거운 것을 들어올린다. 나는 공부에는 관심이 없고 다양한 악기를 연주하는 것에 관심이 많다. 나는 될 수 있는 한 많은 악기를 연주할 수 있기를 원한다. 지금까지 피아노, 하모니카, 오카리나, 플루트, 클라리넷 연주하는 방법을 배웠다. 우리 가족은 우리가 하고 싶어하는 것들을 하기 때문에 별 불평 없이 잘 지내는 것 같다.

unusual 특이한 | **habit** 습관 | **whenever** ~할 때마다 | **nag** 잔소리하다 | **be crazy about** ~에 빠져 있다 | **weight training** 무거운 것을 들어올리는 운동 | **muscle** 근육 | **lift** 들어올리다 | **fitness club** 헬스클럽 | **musical instrument** 악기 | **as ~ as possible** 가능한 한 ~한 | **until now** 지금까지 | **get along well with** ~와 잘 지내다

영작을 위한 표현

066 내 동생은 나만큼 키가 크다. 동등비교

❶ 나는 그녀만큼 지적이고 싶다. → _____

❷ 나는 그녀만큼 주의 깊지 못하다. → _____

영어일기가 쉬워지는 영작패턴

198 '~만큼 …한/하게'의 비교 표현은 as … as ~ 구문으로 나타냅니다.

내 동생은 나만큼 키가 크다. My brother is as tall as I.

나는 그 달리기선수만큼 빨리 달렸다. I ran as fast as that runner.

내 것은 그의 것만큼 비싸다. Mine is as expensive as his.

나는 그 농구선수만큼 키가 컸으면 좋겠다.
I wish I were as tall as that basketball player.

199 '~만큼 …못한/못하게'의 의미는 not so/as … as ~ 구문으로 표현하는데, 이는 '~보다 덜 …한/하게'을 나타내는 less … than ~으로 바꾸어 써도 됩니다.

내 것은 그의 것만큼 크지 않았다.
Mine was not so big as his. = Mine was less big than his.

나는 형만큼 사려가 깊지 못하다.
I am not so thoughtful as my brother. = I am less thoughtful than my brother.

그것은 보이는 것처럼 쉬운 일이 아니었다.
It was not as easy as it seemed. = It was less easy than it seemed.

그는 내가 생각했던 것만큼 나쁘지 않다.
He is not as bad as I thought. = He is less bad than I thought.

지금은 예전만큼 예민하지 않다.
I am not as sensitive as I used to be. = I am less sensitive than I used to be.

나는 보이는 것만큼 건강하지 않다.
I am not as healthy as I look. = I am less healthy than I look.

1 내 동생은 나만큼 욕심이 많다. (greedy 욕심이 많은)

My brother is as _____ .

2 그는 나만큼 많은 돈을 모았다. (save 모으다)

He saved _____ .

3 그녀는 우리 누나만큼 상냥했다. (sweet 상냥한)

She was _____ .

4 동물의 생명은 우리의 생명만큼 소중하다. (precious 소중한)

An animal's life is _____ .

5 그는 나를 우리 엄마만큼 많이 사랑한다.

He loves me _____ .

6 나는 그녀만큼 낙천적이지 않다고 생각한다. (optimistic 낙천적인)

I think _____ .

7 그는 나만큼 소심하지 않았다. (timid 소심한)

_____ .

8 내가 사고 싶은 만큼 많이 샀다.

_____ .

9 그는 나만큼 많은 컴퓨터 게임 CD를 가지고 있다.

_____ .

10 나는 내가 원하는 만큼 잠을 잘 못 잤다.

_____ .

 본인과 친구들 또는 가족들을 비교하는 일기를 써보세요.

067 그는 참 냉정하다. 비유표현

☑ **나의 영작실력은?**

❶ 나는 종달새처럼 정말 즐거웠다. → _____

❷ 그는 달팽이처럼 정말 느리다. → _____

영어일기가 쉬워지는 영작패턴

200 '~처럼 …한'의 의미를 표현하기 위해서는 '~만큼 …한'을 나타내는 as … as ~를 사용합니다. 영어에는 생물이나 무생물에 비유하여 어떠한 성질을 나타내는 구문이 많습니다. 해석은 '매우 ~한'이라고 해주면 되지요.

> **동물 비유표현** as hungry as a bear 곰처럼 배고파하는 | as fat as a pig 돼지처럼 뚱뚱한 | as weak as a kitten 새끼 고양이처럼 연약한 | as strong as an ox 황소처럼 강한 | as happy as a lark 종달새처럼 즐거운 | as quiet as a mouse 쥐처럼 조용한 | as poor as a church mouse 교회 쥐처럼 가난한 | as blind as a bat 박쥐처럼 눈먼 | as wise as an owl 올빼미처럼 현명한 | as busy as a bee 벌처럼 바쁜 | as sly as a fox 여우처럼 교활한 | as silly as sheep 양처럼 어리석은 | as meek as a lamb 새끼 양처럼 온순한 | as fierce as a lion 사자처럼 사나운 | as stubborn as a mule 노새처럼 고집 센 | as fast as a hare 산토끼처럼 빠른 | as playful as a puppy 강아지처럼 쾌활한 | as slow as a snail 달팽이처럼 느린 | as graceful as a swan 백조처럼 우아한 | as big as a cow 암소처럼 큰
>
> **식물 비유표현** as cool as a cucumber 오이처럼 냉정한, 침착한 | as fresh as a daisy 데이지처럼 발랄한 | as green as grass 풀처럼 애송이 같은 | as sturdy as an oak 참나무처럼 튼튼한
>
> **무생물 비유표현** as true as steel 강철처럼 충실한 | as weak as water 물처럼 연약한 | as sharp as a razor 면도칼처럼 날카로운 | as white as snow 눈처럼 하얀 | as neat as a new pin 새 핀처럼 말쑥한 | as cold as ice 얼음처럼 차가운 | as good as gold 금처럼 아주 친절한 | as firm as a rock 바위처럼 견고한 | as black as ink 잉크처럼 검은 | as hard as iron 쇠처럼 단단한 | as flat as a pancake 팬케이크처럼 납작한 | as sweet as honey 꿀처럼 달콤한 | as tough as leather 가죽처럼 질긴 | as comfortable as an old shoe 오래된 신발처럼 편안한 | as easy as ABC ABC처럼 아주 쉬운 | as different as night and day 낮과 밤처럼 다른

그는 오이처럼(=매우) 냉정하다. He is as cool as a cucumber.

그는 참나무처럼(=매우) 튼튼하다. He is as sturdy as an oak.

1 그녀는 매우 가난했었다. (poor 가난한)

She was _____.

2 내 동생은 올빼미처럼 영리하다. (wise 영리한)

My brother _____.

3 우리 엄마는 벌처럼 바쁘시다. (busy 바쁜)

My mom _____.

4 그녀는 데이지처럼 발랄했다. (fresh 발랄한)

She _____.

5 아기는 새끼고양이처럼 약했다. (weak 약한)

The baby _____.

6 가끔 그들은 사자처럼 사나웠다. (fierce 사나운)

_____.

7 그 고기는 가죽처럼 질겼다. (tough 질긴)

_____.

8 나는 백조처럼 우아하고 싶었다. (graceful 우아한)

_____.

9 그 소파는 오래된 신발처럼 편했다. (comfortable 편한)

_____.

10 그 일은 ABC처럼 쉬웠다. (easy 쉬운)

_____.

Chapter 08

 성질을 나타내는 비유표현들을 사용하여 일기를 써보세요.

068 가능한 한 빨리 끝내야 했다. `as ~ as 응용표현`

☑ **나의 영작실력은?**

❶ 우리 아버지는 가능한 한 안전하게 운전을 하신다.

→ _____

❷ 그것은 새 것이나 마찬가지이다. → _____

영어일기가 쉬워지는 영작패턴

201 '가능한 한 ~하게'의 표현은 「as + 부사 + as possible」, 「as + 부사 + as + 주어 + can」으로 나타낼 수 있습니다.

가능한 한 빨리 그 일을 끝내야 했다.
I had to finish the work as soon as possible. = I had to finish the work as soon as I could.

나는 가능한 한 크게 소리를 질렀다.
I shouted as loud as possible. = I shouted as loud as I could.

나는 가능한 한 빨리 걸었다.
I walked as fast as possible. = I walked as fast as I could.

202 as ~ as가 사용된 구문으로는 다음과 같은 것들이 있습니다.

- as ~ as can be : 더할 나위 없이 ~한
- not so much A as B : A라기보다는 차라리 B인
- as good as A : A와 마찬가지인, A에 못지않은
- A as well as B : B뿐 아니라 A도

날씨가 더할 나위 없이 좋다. The weather is as fine as can be.

그는 더할 나위 없이 좋으신 선생님이다. He is as good a teacher as can be.

나는 더할 나위 없이 행복했다. I was as happy as could be.

그녀는 비관론자이기보다는 차라리 현실주의자이다.
She is not so much a pessimist as a realist.

그것은 끝난 거나 마찬가지이다. It's as good as finished.

그는 죽은 거나 마찬가지이다. He is as good as dead.

그는 나에게 용돈뿐 아니라 옷도 주셨다.
He gave me the clothes as well as my allowance.

1 나는 가능한 한 일찍 거기에 가야했다. (early 일찍)

I had to _____ as _____ as _____.

2 나는 가능한 한 오래 집에 머물러 있었다.

I stayed _____.

3 그는 가능한 한 자주 수영을 한다. (often 자주)

He swims _____.

4 그 의사선생님은 더할 나위 없이 친절했다.

The doctor _____.

5 그는 더할 나위 없이 책임감이 강했다. (responsible 책임감이 강한)

He was _____.

6 나는 가능한 한 빨리 그것을 끝냈다.

I finished it _____.

7 그는 전문적인 댄서나 마찬가지이다. (professional 전문적인)

_____.

8 그는 착하기보다는 인간적이다. (humane 인간적인)

He is not _____.

9 그는 가수라기보다는 배우이다.

_____.

10 나는 스포츠뿐 아니라 음악에도 관심이 있다. (be interested in ~에 관심이 있다)

_____.

 가능한 한 빨리, 또는 가능한 한 자주 해야 했던 일들이 있었나요? 그런 일들을 나열하여 일기를 써보세요.

069 내가 수영을 더 잘한다. 비교급 1

☑ **나의 영작실력은?**

❶ 오늘은 어제보다 더 시원하다. → _____

❷ 나는 음악보다 미술에 더 관심이 있다. → _____

─── **영어일기가 쉬워지는 영작패턴** ───

203 '~보다 더 …한/하게'의 표현은 「형용사/부사 + -er than + 명사」 구문으로 나타내
며, 형용사나 부사가 3음절 이상일 경우는 「more + 형용사/부사 + than + 명사」의
구문을 사용합니다. 다음과 같은 단어는 불규칙 비교급, 최상급 형태를 취하며 때로
는 「than + 명사」 없이 비교급만 사용되기도 합니다.

> - good, well(좋은, 잘) – better – best
> - bad, ill(나쁜, 아픈) – worse – worst
> - many, much(많은, 많이) – more –most
> - little(적은, 적게) – less – least

내가 그보다 수영을 더 잘한다. I swim better than he.

그는 나에게 좀 더 있다 가라고 했다. He asked me to stay a bit longer.

나는 집에서보다 도서관에서 공부하는 것이 더 좋다.
It's better to study in the library than at home.

나는 좀 더 먹고 싶었다. I wanted to have some more.

나는 내 친구들보다 유행에 더 민감하다.
I am more fashion-conscious than my friends.

나는 고기를 덜 먹고 채소를 더 많이 먹으려고 노력했다.
I tried to eat less meat and more vegetables.

나는 음악을 듣는 것보다 노래하는 것을 더 좋아한다.
I like singing more than listening to music.

204 동일한 한 사람의 성질을 비교할 때는 more를 사용하여 표현하는데 이때 more는
rather(~라기보다는 더)의 의미로 쓰입니다.

릴리는 정직하기 보다는 영리하다.
Lily is *cleverer* than honest. (X)
Lily is more clever than honest. (O)

1   그녀는 그녀의 동생보다 더 키가 작다. (short 키가 작은)

    She is _____ her sister.

2   그는 나보다 더 열정적인 것 같다. (passionate 열정적인)

    He seems to be more _____.

3   그는 나보다 달리기를 더 빠르게 한다.

    He runs _____.

4   나는 축구를 하는 것보다는 보는 것을 좋아한다.

    I like _____ more than _____.

5   그것은 내가 생각했던 것보다 더 훌륭했다. (great 훌륭한)

    It was _____.

6   나는 지금보다 더 부지런해져야 한다. (diligent 부지런한)

    _____.

7   나는 여름에 수영하는 것보다 겨울에 스키 타는 것을 더 좋아한다.

    _____.

8   나는 지하철이 버스보다 더 편하다고 생각한다. (comfortable 편안한)

    _____.

9   그녀는 예쁘기보다는 귀엽다. (cute 귀여운)

    _____.

10 나는 그 전보다 더 적극적인 성격이 되었다. (active 적극적인)

    _____.

 자신의 것과 다른 것을 비교하여 어떠한지에 대해서 일기를 써보세요.

070 배울수록 더 겸손해져야 한다. 비교급 2

☑ **나의 영작실력은?**

❶ 이것이 저것보다 훨씬 싸다. → _____

❷ 사람은 가질수록 더 원한다. → _____

영어일기가 쉬워지는 영작패턴

205 비교급을 강조하여 '훨씬 더 ~한'의 의미를 표현하기 위해서는 비교급 앞에 even, still, far, a lot, much를 씁니다.

그 가방은 내가 예상했던 것보다 훨씬 더 비쌌다.
The bag was much more expensive than I expected.

나는 훨씬 더 싼 것을 사고 싶었다. I wanted something much cheaper.

온라인 쇼핑이 카탈로그 쇼핑보다 훨씬 더 값이 싼 경향이 있다.
On-line shopping tends to be a lot cheaper than catalog shopping.

내가 기대했던 것보다 훨씬 더 많은 선물을 받았다.
I got much more presents than I expected.

나는 동생보다 공부를 훨씬 더 열심히 한다. I study much harder than my brother.

이것이 저것보다 훨씬 더 좋다. This is still better than that.

이 가방이 저것보다 훨씬 더 비싸다.
This bag is even more expensive than that one.

206 '~하면 할수록 더 …하다'는 「the + 비교급 ~, the + 비교급 …」을 사용하여 표현할 수 있습니다.

사람은 배울수록 더 겸손해져야 한다.
The more learned a man is, the more modest he should be.

많으면 많을수록 더 즐겁다. The more, the merrier.

이르면 이를수록 더 좋다. The sooner, the better.

말은 적을수록 더 좋다. The less said about it, the better.

1 이 컴퓨터가 훨씬 더 좋다. (better 더 좋은)

This computer is _____.

2 그가 나보다 훨씬 더 생각이 깊다. (thoughtful 생각이 깊은)

He is _____ than I.

3 그를 알면 알수록 나는 그가 더 좋다.

The more _____, the _____.

4 나는 배영보다 접영을 훨씬 더 잘한다. (butterfly stroke 접영, backstroke 배영)

I swim _____ a lot _____ the backstroke.

5 빠르면 빠를수록 더 좋다. (fast 빠른)

The _____, _____.

6 많으면 많을수록 더 좋다.

_____, _____.

7 나보다 내 동생이 훨씬 키도 크고 뚱뚱하다. (fat 뚱뚱한)

_____.

8 나는 수학보다 영어를 훨씬 더 좋아한다.

_____.

9 나는 지금보다 훨씬 더 날씬하고 싶다. (slender 날씬한)

_____.

10 더 높이 올라갈수록 더 추웠다. (climb 올라가다)

_____.

Chapter 08

 무엇과 비교하여 차이가 많이 났던 경우나, 어떤 일을 할수록 정도가 심해졌던 경험을 일기로 써보세요.

071 그때가 가장 행복했다. 최상급

☑ **나의 영작실력은?**

❶ 그 선물은 내가 가장 갖고 싶었던 것이다. → _____

❷ 그것은 지금까지 내가 저지른 것 중 최악의 실수였다.

 → _____

영어일기가 쉬워지는 영작패턴

207 '가장 ~한/하게'의 의미인 최상급의 표현은 형용사의 경우 「the + 형용사 + -est」로, 부사일 경우는 the를 쓰지 않고 「부사 + -est」의 형태로 나타내며, 형용사나 부사가 3음절 이상일 경우는 「(the) most + 형용사/부사」의 형태를 사용하여 나타냅니다.

그때가 가장 행복했다. I was the happiest at that time.

그녀는 한국에서 가장 인기 있는 가수이다. She is the most popular singer in Korea.

그는 우리 반에서 가장 성실한 학생이다. He is the most sincere student in my class.

그가 우리 반에서 가장 뚱뚱하다. He is the fattest in my class.

그것이 가장 중요한 것은 아니다. It isn't the most important thing.

그것이 가장 높은 곳까지 올라갔을 때, 난 좀 무서웠다.
When it went up to the highest point, I was a little scared.

208 '지금까지 ~한 것 중에 가장 …한 ―'의 표현은 「최상급 + 명사 + I have/had ever + 과거분사」의 구문으로 나타냅니다.

그는 내가 지금껏 만나본 사람 중 가장 똑똑한 사람이다.
He is the smartest person I've ever met.

그 것은 내가 지금까지 입어본 옷 중에 가장 짧은 치마였다.
It was the shortest skirt I'd ever tried on.

그는 내가 지금껏 만나본 사람 중에 가장 웃기는 사람이었다.
He was the funniest person I'd ever met.

그 시험이 지금까지 내가 본 시험 중에 가장 쉬운 것이었다.
The exam was the easiest I'd ever taken.

1 그것이 모든 것 중에서 가장 컸다. (of all 모든 것 중에서)

It was _____.

2 나는 가장 가까운 식당을 찾았다. (look for ~을 찾다)

I looked _____.

3 그는 한국에서 가장 웃기는 코미디언이다. (funny 웃기는, comedian 코미디언)

He is the _____.

4 연습이 영어를 배우는 데 가장 중요한 것이다.

Practice _____ in learning English.

5 오늘이 내 인생에서 가장 슬픈 날이었다.

Today was _____.

6 그녀가 모두들 중에서 가장 빨리 달렸다. (of all 모두들 중에서)

She _____.

7 난 혼자 있을 때가 가장 편하다. (comfortable 편안한)

I am _____.

8 그것은 내가 지금까지 본 영화 중 최악의 영화이다. (worst 최악의)

_____.

9 나는 건강을 가장 중요한 것이라고 생각한다.

_____.

10 이 책이 내가 지금까지 읽은 책 중에서 가장 지루한 책이다.

_____.

 언제 무엇이 최고로 어떠했는지를 떠올리며 일기를 써보세요.

072 우유가 더 이상 없다. 비교급·최상급 응용표현

☑ **나의 영작실력은?**

❶ 나는 열 명 이상의 친구를 초대할 것이다. → _____

❷ 나는 더 이상 그의 조언을 따르지 않을 것이다.

    → _____

영어일기가 쉬워지는 영작패턴

209 '~ 이상/이하' 또는 '더 이상 ~ 않다' 등 비교급이나 최상급을 이용한 표현들은 다음과 같습니다.

> - ~ 이상 : more than ~, ~ or more
> - ~ 이하 : less than ~, ~ or less
> - 다소 : more or less
> - 더 이상 ~ 않다(기간) : no longer = not ~ any longer
> - 더 이상 ~ 없다/않다(양, 기간) : no more = not ~ any more
> - 최소한, 적어도 : at least, not less than
> - 대개는, 대개의 경우 : for the most part

냉장고에 우유가 더 이상 없다. There are no more milk in the refrigerator.

그는 책을 만 권 이상 읽었다. He read more than 10,000 books.

그는 책을 열 권도 더 샀다. He bought 10 books or more.

그 강당은 자리가 최소한 50개는 있다. The hall has at least 50 seats.

나는 더 이상 그를 만나지 않는다.
I meet him no longer. = I don't meet him any longer.

210 복수명사 앞에 오는 most는 '대부분의'라는 의미로 쓰이지만, 「most of + 복수명사」는 '~의 대부분'이라는 표현으로 이때 most는 명사로 쓰입니다.

대부분의 학생들은 휴대폰으로 문자 보내는 것을 좋아한다.
Most students like to send text messages with the cell-phone.

나는 시간의 대부분을 여행하는 데 보낸다. I spend most of my time traveling.

1 오늘 나는 만 원 이하의 돈을 썼다.

I spent _____ today.

2 그가 나에게 50권 이상의 책을 주었다.

He gave _____.

3 나는 최소한 세 개의 휴대폰을 잃어버렸다. (at least 최소한)

I lost _____ three cell-phones.

4 그 책의 값은 만 원 이하일 것이다.

The price of the book may _____.

5 나는 적어도 세 시간은 기다렸다.

I _____.

6 나는 더 이상 그에게 의존하지 않을 것이다. (depend on ~에 의존하다)

I will _____.

7 그는 세 나라 이상을 방문하였다. (visit ~를 방문하다)

_____.

8 대부분의 사람들이 낮잠을 자고 있었다. (take a nap 낮잠 자다)

_____.

9 나는 대부분의 시간을 여행으로 보낸다.

_____.

10 나는 더 이상 더위를 참을 수가 없었다. (stand 참다, heat 더위)

_____.

 비교급이나 most를 이용한 여러 형태의 표현을 사용하여 일기를 써보세요.

Chapter 08

모범일기 08

Blind date

Sunny, Sunday, 10 February

I had a blind date today. I hoped to make a new friend on the blind date. I liked the girl. She was my favorite type; that is, she is my Mrs. Right. She was much more active and positive than I expected. She was as sweet as my sister and told a lot of funny stories. She was as cheerful as could be. I wanted to talk to her as much as possible. The more I talked to her, the better I felt. She was the most attractive girl I'd ever met. I wanted to spend more time with her, but I had to go back home because it was so late. I stored her cell phone number into my phone. I hope to meet her again.

소개팅

오늘 나는 소개팅을 했다. 나는 소개팅에서 새 친구를 사귀기를 바랐다. 나는 그 여성이 맘에 들었다. 그녀는 내가 좋아하는 타입이었다. 즉, 그녀는 나의 이상형이었다. 그녀는 내가 기대했던 것보다 훨씬 능동적이고 긍정적이었다. 그녀는 우리 누나만큼 상냥했으며 재미있는 이야기들을 잘했다. 그녀는 더할 나위 없이 명랑했다. 나는 가능한 한 많이 그녀와 이야기를 하고 싶었다. 그녀와 이야기를 하면 할수록 기분이 좋아졌다. 그녀는 지금까지 내가 만나본 사람 중에 가장 매력적인 사람이었다. 그녀와 더 많은 시간을 보내기를 원했지만, 시간이 너무 늦어 집에 돌아와야 했다. 그녀의 휴대폰 전화번호를 내 휴대폰에 저장했다. 그녀와 또 만날 수 있기를 바란다.

blind date 소개팅 | **Mrs. Right** 여성 이상형 (cf. Mr. Right 남성 이상형) | **positive** 긍정적인 | **expect** 기대하다 | **sweet** 상냥한 | **funny** 우스운 | **cheerful** 명랑한 | **attractive** 매력적인 | **store** 저장하다

영작을 위한 표현

073 여름에는 바다에 가고 싶다. [시간전치사]

☑ **나의 영작실력은?**

❶ 나는 저녁식사 후에 항상 TV를 본다.

→ _____

❷ 나는 열 시까지 그녀를 기다렸다. → _____

영어일기가 쉬워지는 영작패턴

전치사는 명사(구), 대명사, 동명사 앞에 위치하여 시간, 장소, 원인, 수단 등을 나타냅니다.

211 다음은 시간을 나타내는 전치사들입니다.

전치사	용 법	의 미
at in on	시각, 비교적 짧은 시간 비교적 긴 시간(주, 월, 계절, 연도 등) 날짜, 요일, 특정한 일시	~에 ~에 ~에
by till	동작이나 사건의 완료 시한 동작이나 사건의 계속	~까지는 ~까지
for during through	시간, 기간을 나타내는 명사와 함께 사건, 일을 나타내는 명사와 함께 처음부터 끝까지 계속됨	~ 동안 ~ 동안, ~ 중에 ~ 동안 계속, ~ 동안 내내
in within	시간의 경과 일정한 기간 이내	~ 후에, 지나서 ~ 이내에
since from	과거부터 현재까지의 계속 일이 시작되는 시점	~ 이후로 죽 ~부터
before after	지금이나 그때보다 이전 어떤 기준 시점의 이후	~보다 전에, ~ 이전에 ~ 후에

나는 여름에는 바다에 가고 싶다. I want to go to the sea in summer.
우리 가족은 7시에 아침식사를 한다. My family has breakfast at 7 o'clock.
나는 일주일 이내에 그것을 시작할 것이다. I'll start it within a week.
나는 몇 분 후에 돌아올 것이다. I'll be back in a few minutes.
나는 방학 동안 미국에 갔었다. I went to America during my vacation.
나는 밤새 공부했다. I studied through the night.

1 나는 일요일에 교회에 갈 것이다. (go to church 교회에 가다)

I'll _____.

2 나는 아침부터 밤까지 열심히 일했다. (from A till B A부터 B까지)

I worked _____.

3 나는 자정까지 보고서를 끝마쳐야 했다. (midnight 자정)

I had to _____.

4 나는 지금부터 다이어트를 할 것이다. (go on a diet 다이어트하다)

I'll _____.

5 나는 이번 휴가 동안 삼촌 집을 방문했다. (visit 방문하다)

I _____.

6 나는 6년 동안 영어를 공부해왔다.

I _____.

7 나는 종종 방과 후에 PC방에 간다. (Internet cafe PC방)

_____.

8 그는 몇 년 후에 집에 돌아왔다. (come back 되돌아오다)

_____.

9 나는 수업 시간 내내 졸았다. (doze 졸다)

_____.

10 나는 점심식사 이후로 배가 계속 아팠다. (stomachache 복통)

_____.

 어떤 때에 무슨 일을 하는지에 대해 일기를 써보세요.

074 그가 방에서 뛰어 나왔다. 장소전치사

☑ **나의 영작실력은?**

❶ 나는 의자에 가방을 놓았다. → _____

❷ 그가 갑자기 방에 들어왔다. → _____

── **영어일기가 쉬워지는 영작패턴** ──

212 다음은 장소를 나타내는 전치사입니다.

전치사	용 법	의 미
at in	비교적 좁은 장소 비교적 넓은 장소	~에 ~에, ~ 안에
on beneath	표면에 접촉한 위 표면에 접촉한 아래	~ 위에 ~ 아래에
over under	표면과 떨어져서 바로 위 표면과 떨어져서 바로 아래	~ 바로 위에, ~ 이상 ~ 바로 아래에
above below	over보다 더 위 under 보다 더 아래	~보다 높은 곳에, ~ 이상 ~보다 낮은 곳에, ~ 이하
up down	이동의 방향 이동의 방향	~ 위쪽으로 ~ 아래쪽으로
between among	둘 사이 셋 이상	~ 사이에 ~ 중에
into out of	이동의 방향 이동의 방향, 장소	~ 안으로 ~ 밖으로, ~ 밖에
from for to toward through	출발 기점 행선지, 목적 도착점 운동의 방향 통과, 관통	~에서부터 ~을 향해, ~를 위해 ~으로, ~에 ~ 쪽으로 ~을 통해
in front of behind	장소의 위치 장소의 위치	~ 앞에 ~ 뒤에

그가 방 밖으로 뛰어나왔다. He ran out of the room.
나는 지붕 위로 날아가는 새들을 보았다. I saw some birds flying above the roof.
박물관 앞에서 그를 만났다. I met him in front of the museum.

1 나는 대전에 산다.

_____ Daejeon.

2 나는 기차역에서 그들을 만났다. (train station 기차역)

I met _____.

3 아이들이 나무 위로 올라갔다. (climb 오르다)

The children _____.

4 나는 슈퍼마켓으로 향했다. (head for ~로 향하다)

I _____ the supermarket.

5 내 지갑이 소파 쿠션 사이에 있었다. (wallet 지갑)

My _____ the sofa cushions.

6 그는 계단을 내려갔다. (step 계단)

He _____.

7 나는 그 건물로 걸어 들어갔다. (building 건물)

_____.

8 방 안에는 아무도 없었다.

There _____.

9 우리 가게는 학교와 은행 사이에 있다.

_____.

10 나는 선생님들 사이에 앉아 있었다.

_____.

 무엇이 어디에 있는지, 어디로 움직였는지에 대해 일기를 써보세요.

075 그의 집은 돌로 만들어졌다. 원인/재료전치사

☑ 나의 영작실력은?

❶ 나는 무서워서 다리가 떨렸다. → _____

❷ 그 장난감은 종이 한 장으로 만들어졌다.

→ _____

영어일기가 쉬워지는 영작패턴

213 원인이나 이유를 나타내는 전치사로는 at(~을 보고/듣고/알고), for(~한 이유로, ~ 때문에), 「with + 병명, 감정」(~로, ~ 때문에), 「of/from + 원인」(~로 인해) 등이 있습니다.

나는 그 소식을 듣고 매우 놀랐다. I was very surprised at the news.

다시 그에게 전화를 하지 못해서 매우 미안했다.
I was very sorry for not calling him back.

나는 두통으로 고생했다. I suffered from a headache.

그는 심장 발작으로 죽었다. He died of a heart attack.

나는 열 때문에 아프다. I am sick with a fever.

화가 나서 얼굴이 붉어졌다. My face was flushed with anger.

214 재료나 원료를 나타내는 표현으로는 '~로 만들어지다'라는 의미의 be made of ~(물리적으로만 변형시켰을 때), be made from ~(화학적인 변화가 있었을 때)이 있으며, 재료가 어떤 결과물로 만들어질 때는 be made into ~(~가 되다)로 표현합니다.

그의 집은 돌로 만들어졌다. His house is made of stone.

그 쿠키는 밀가루와 달걀로 만들어진다. The cookies are made from flour and eggs.

맥주는 보리로 만들어진다. Beer is made from barley.

그 포도가 포도주가 되었다. The grapes are made into wine.

1 나는 그 결과를 알고 깜짝 놀랐다. (result 결과)

I was _____ .

2 나는 그 실수로 얼굴이 빨개졌다. (blush 얼굴을 붉히다)

I blushed _____ .

3 나는 독감으로 고생이다. (suffer from ~로 고생이다, influenza 독감)

I _____ .

4 내 동생은 복통으로 누워 있다. (be in bed 침대에 누워있다)

My brother _____ a stomachache.

5 그는 심한 통증 때문에 울었다. (cry from ~로 울다, pain 통증)

He _____ .

6 화가 나서 떨렸다. (tremble 떨리다)

I _____ .

7 그 건물은 벽돌로 만들어졌다. (brick 벽돌)

_____ .

8 그의 집 내부의 모든 것이 나무로 만들어졌다.

_____ .

9 그 가죽이 신발이 되었다. (leather 가죽)

_____ .

10 나는 그의 이상한 반응에 실망했다. (response 반응)

_____ .

 원인이나 이유를 나타내는 전치사를 이용하여 일기를 써보세요.

076 택시를 타고 갔다. 수단/도구전치사

☑ **나의 영작실력은?**

❶ 나는 그에게 초콜릿을 줌으로써 밸런타인데이를 기념했다.

→ _____

❷ 나는 기차를 타고 여행하는 것을 좋아한다. → _____

영어일기가 쉬워지는 영작패턴

215 수단, 도구를 나타내는 전치사는 with(~를 가지고, ~로), through(~를 통하여, ~에 의하여), by(~에 의해, ~로), by –ing(~함으로써), 「in + 언어」(~ 언어로) 등이 있습니다.

난 내 휴대폰으로 사진 찍는 것을 좋아한다. I like taking pictures with my cell phone.

나는 만년필로 쓰는 것을 좋아한다. I like writing with a fountain pen.

인터넷을 통한 원격 학습이 인기 있다.
Distance learning through the Internet is popular.

나는 창문을 통해 그들을 보았다. I saw them through the window.

나는 그에게 항공 우편으로 선물 하나를 보냈다. I sent him a present by air mail.

우리는 재활용함으로써 환경을 보호할 수 있다.
We can preserve our environment by recycling.

나는 매일 영어로 일기를 쓰려고 노력한다. I try to keep a diary in English every day.

216 교통수단을 나타낼 때는 「by + 운송수단」으로 '~를 타고, ~로'의 의미를 표현합니다.

우리는 택시를 타고 학교에 갔다. We went to school by taxi.

우리는 서울에 버스를 타고 갔다가 기차를 타고 돌아왔다.
We went to Seoul by bus and returned by train.

우리 가족은 비행기를 타고 제주도에 갔다. My family went to Jeju Island by plane.

나는 스키 리프트를 타고 꼭대기로 올라갔다. I went to the top by ski lift.

1 나는 바람개비를 가지고 놀았다. (pinwheel 바람개비)

   I _____.

2 내 여동생은 인형을 가지고 노는 것을 좋아한다. (doll 인형)

   My sister likes _____.

3 나는 그 옷을 손으로 빨아야 했다. (wash the clothes 옷을 빨다)

   I had to _____.

4 나는 그에게 선물을 속달로 보냈다. (express mail 속달)

   I sent _____.

5 그 책을 통해 놀라운 사실들을 알게 되었다. (get to ~하게 되다, amazing 놀라운)

   I got to _____.

6 나는 서둘러 택시를 타고 공항에 갔다. (in a hurry 서둘러)

   I _____.

7 나는 음악을 들음으로써 긴장을 풀었다. (relax 긴장을 풀다)

   _____.

8 우리는 택시를 타고 역으로 가는 지름길로 갔다. (shortcut to ~로 가는 지름길)

   _____.

9 나는 고속열차인 KTX로 가고 싶었다. (express train 고속열차)

   _____, KTX.

10 나는 여행을 통해 다른 문화를 경험하고 싶다.

   _____.

 무엇을 가지고 어떤 일을 한 경험이나, 교통수단을 이용해 어떤 곳에 갔던 이야기를 일기로 써보세요.

Chapter 09

077 실망스럽게도, 그는 아무 말이 없었다. 전치사의 사용

☑ 나의 영작실력은?

❶ 기쁘게도, 그가 시험에 합격했다. → _____

❷ 나는 오늘 저녁에 영화 보러 시내에 갈 것이다.

   → _____

영어일기가 쉬워지는 영작패턴

217 '~가 …하게도'라는 감정 표현은 「to one's + 감정명사」의 형태로 나타냅니다. 감정을 나타내는 명사는 surprise/astonishment(놀라움), disappointment/despair/discouragement(실망, 절망), joy/pleasure/delight(기쁨, 즐거움), satisfaction(만족), sorrow/grief(슬픔) 등이 있습니다. 감정의 정도가 깊을 경우에는 감정명사 앞에 great, much를 사용합니다.

실망스럽게도, 그는 아무 말이 없었다.
To my disappointment, he said nothing.

실망스럽게도, 그는 나에게서 떠나버렸다.
To my disappointment, he went away from me.

기쁘게도, 오늘은 아무 일 없이 쉴 수 있었다.
To my delight, I was able to just relax without working today.

매우 기쁘게도, 엄마가 드레스를 사주셨다.
To my great joy, my mom bought me a dress.

만족스럽게도, 그것이 사실로 판명되었다. To my satisfaction, it proved to be true.

218 this, last, next, every, each, one, some, all 등과 함께 쓰는 시간 표현은 앞에 전치사를 쓰지 않습니다. 예를 들면, this month(이번 달에), last week(지난주에), next day(다음 날에), every week(매주), each day(매일), one day(어느 날에), someday(언젠가는), all day(하루 종일) 등의 표현이 있습니다. 또한 home, outside, upstairs, downstairs, downtown, abroad 등의 장소부사 앞에서도 전치사를 쓰지 않습니다.

이번 주말에 우리는 서울로 이사 간다. We move to Seoul this weekend.

다음 주 화요일에 나는 고아원에서 자원봉사를 할 것이다.
I will volunteer at the orphanage next Tuesday.

그가 나를 집에 태워다주었다. He gave me a ride home.

1 놀랍게도, 나는 지난주에 슬픈 소식을 들었다. (last week 지난주에)

To my _____, _____.

2 슬프게도, 갑자기 할머니가 돌아가셨다. (pass away 돌아가시다)

To my _____, my grandmother _____.

3 우리가 놀랍게도, 그녀는 자동차 사고를 당했다. (accident 사고)

To our _____, she _____.

4 절망스럽게도, 우리는 그녀를 더 이상 볼 수가 없다. (no longer 더 이상 ~않다)

To our _____, we _____.

5 유감스럽게도, 그는 나에게 그것에 대해 알려주지 않았다. (let ~ know ~에게 알려주다)

_____, he didn't _____.

6 실망스럽게도, 그는 나에게 또 거짓말을 했다. (lie 거짓말하다)

_____.

7 밖으로 나가기 싫었다.

_____.

8 나는 언젠가는 성공할 것이라고 생각한다. (succeed 성공하다)

_____.

9 우리 가족은 매년 겨울에 스키를 타러 간다.

_____.

10 지난 일요일에 자선 바자회에 갔다. (charity bazaar 자선 바자회)

_____.

 어떤 일이 있을 때 무슨 감정으로 받아들였는지에 대해 일기로 써보세요.

078 내 생각에 그는 제정신이 아니었다. 생각·의견

☑️ **나의 영작실력은?**

❶ 내 생각에는, 그는 마음이 따뜻한 것 같다.

→ _____

❷ 솔직히 말하자면, 나는 그를 괴롭히지 않았다.

→ _____

--- **영어일기가 쉬워지는 영작패턴** ---

219 생각이나 의견을 나타낼 때는 in my mind(내 생각에는), in my opinion(내 의견으로는), in my view(내 견해로는)를 이용하여 표현합니다.

내 생각에는, 그는 제정신이 아니었다.
In my mind, I thought he was beside himself.

내 생각에는, 그가 잘 해낼 것 같았다.
In my mind, I thought he would be able to do well.

내 의견으로는, 우리는 쓰레기를 따로 분리해야 한다고 생각한다.
In my opinion, we should sort the garbage accordingly.

내 생각에는, 과식이 건강에 좋지 않은 것 같다.
In my opinion, overeating is not good for our health.

내 견해로는, 너무 종교적인 것은 좋지 않은 것 같다.
In my view, it is not good to be too religious.

220 생각이나 의견을 나타내는 다른 표현으로는 as I see it(내가 보기에는), speaking of(~에 대해 말하자면), frankly speaking(솔직히 말하자면), honestly(솔직히 말해), to tell the truth(사실을 말하자면) 등이 있습니다.

내가 보기에는, 그 가격이 적당한 것 같다. As I see it, the price is affordable.
그에 대해 말하자면, 그는 항상 신중하다. Speaking of him, he is always prudent.
솔직히 말하자면, 내가 그의 가방을 가져오지 않았다. Honestly, I didn't bring his bag.
사실을 말하자면, 그가 그것을 훔쳐갔다. To tell the truth, he stole it.

1 내 생각에는, 그는 바쁜 척하는 것 같다. (pretend to ~하는 척하다)

In my _____, I think _____.

2 내 의견으로는, 우리가 그 캠프에 참가할 필요가 없을 것 같다. (participate in ~에 참가하다)

In my _____, we don't have to _____.

3 내 생각으로는, 나는 그것이 별 도움이 되지 않을 것 같다. (helpful 도움이 되는)

In _____, _____.

4 내가 보기에는, 그것은 시간 낭비이다. (waste 낭비)

As I _____, it _____.

5 솔직히 말해, 거기에 일찍 가지 않았다.

_____, I didn't _____.

6 솔직히 말하자면, 나는 그를 돌보고 싶지 않다. (take care of ~를 돌보다)

_____.

7 내가 보기에는, 그는 너무 까다롭다. (picky 까다로운)

_____.

8 사실을 말하자면, 나는 종종 일회용품을 사용한다. (disposable products 일회용품)

_____.

9 내가 보기에는, 우리 가족은 에너지를 절약하지 않는다. (save 절약하다)

_____.

10 내 생각에, 나는 사고방식을 바꿔야 할 필요가 있다. (way of thinking 사고방식)

_____.

Chapter 09

 한 가지 주제를 정하여 그에 대한 자신의 생각이나 의견을 일기로 써보세요.

105

079 라디오를 켜 놓은 채 잠이 들었다. with 분사구문

☑ 나의 영작실력은?

❶ 그녀는 새 옷을 입고 나타났다. → _____

❷ 나는 눈을 감은 채 음악을 들었다. → _____

영어일기가 쉬워지는 영작패턴

221 '~한 채, ~하면서, ~하고'의 표현은 부대상황을 나타내는 구문으로 전치사 with를
사용하여 「with + 목적어 + 형용사/부사(구)/전치사(구)/현재분사/과거분사」의 형
태로 나타냅니다.

나는 라디오를 켜 놓은 채 잠이 들었다. I fell asleep with the radio on.

입에 음식을 넣은 채 말하지 않으려고 노력했다.
I tried not to speak with my mouth full.

나는 창문을 열어 놓은 채 잠이 들어서 감기에 걸렸다.
I had a cold, because I fell asleep with the window open.

나는 모자를 쓰고 걷고 있었다. I was walking with my hat on.

나는 TV를 켜 놓은 채 잠이 들었다. I fell asleep with the TV turned on.

나는 손에 케이크를 든 채 넘어졌다.
I fell down with a piece of cake in my hand.

나는 벽에 등을 기댄 채 거기에 서 있었다.
I stood there with my back against the wall.

222 위 구문에서 목적어 다음에 분사가 올 경우에는 목적어와의 관계에 따라 그 형태가
달라집니다. 동사와 목적어의 관계가 능동의 관계일 때는 현재분사형(-ing), 목적
어와의 관계가 수동의 관계일 때는 과거분사형을 씁니다.

그녀는 머리카락을 바람에 휘날리며 달려왔다.
She ran with her hair flapping in the breeze.

나는 조용히 앉아 있었고, 언니는 내 옆에서 뜨개질을 하였다.
I sat silently, with my sister knitting beside me.

그는 팔짱을 낀 채 나에게 말했다. He talked to me with his arms folded.

1 나는 머리가 젖은 채로 집을 나섰다. (leave home 집을 나서다, wet 젖은)

I left _____ with _____.

2 나는 문을 열어 놓고 외출을 했다. (go out 외출하다)

I went _____.

3 나는 라디오를 켜놓은 채 책을 읽었다. (on 켜 놓은)

I read _____.

4 나는 다리를 꼰 채 앉아 있었다. (cross 교차시키다)

I was _____.

5 나는 물이 끓는 냄비를 그대로 둔 채 잠이 들었다. (boil 끓다)

_____.

6 입에 음식을 담은 채로 말하는 것은 좋지 않다. (speak 말하다)

It's not _____.

7 나는 주머니에 손을 넣은 채 걸었다. (pocket 주머니)

_____.

8 나는 눈을 감은 채 음악을 들었다.

_____.

9 나는 젖은 옷을 입은 채 집에 돌아왔다. (on 입은)

_____.

10 나는 불을 켜 놓은 채 잠이 들었다.

_____.

Chapter 09

 with를 사용하여 동시에 여러 가지 일을 했던 이야기를 일기로 써보세요.

Giving up outing

Hot, Monday, 4 August

My family was going to go to the swimming pool in an amusement park. I should have lost weight in order to go to the swimming pool. In the early morning, I prepared items for swimming and other necessary things. When we were about to depart, the telephone rang. My mom answered the phone, my mom looked surprised. In my mind, I thought something bad must have happened. To my disappointment, we had to give up going there and unpack our bags. My mom went out in a hurry by taxi, leaving us to stay at home. In the end, we spent all day watching just TV with the air conditioner on.

주저앉은 나들이

우리 가족은 놀이공원에 있는 수영장에 가기로 했다. 수영복을 입으려면 살을 좀 뺐어야 했다. 아침 일찍 수영용품과 다른 필요한 물건들을 챙겼다. 막 출발하려고 하는데 전화가 울렸다. 엄마가 전화를 받았는데 놀란 표정이셨다. 내 생각에는 뭔가 좋지 않은 일이 일어난 것이 틀림없었다. 실망스럽게도 그곳에 가는 것을 포기하고 우리는 짐을 풀어야 했다. 엄마는 우리를 집에 남겨둔 채 택시를 타고 급히 가셨다. 결국 우리는 에어컨을 켜놓고 그저 TV만 보면서 하루 종일 보냈다.

amusement park 놀이공원 | should have + 과거분사 ~했어야 했다 | lose weight 살을 빼다 | be about to 막 ~하려고 하다 | depart 출발하다 | answer the phone 전화를 받다 | disappointment 실망 | unpack 짐을 풀다 | in a hurry 급히 | leave 남겨두다 | with ~ on ~를 켜놓은 채

영작을 위한 표현

080 그녀는 예뻤다. 그리고 … 문장연결어

☑ **나의 영작실력은?**

❶ 나는 게임을 다운받았다. → _____

❷ 나는 긴장되었지만 잘 해냈다. → _____

── **영어일기가 쉬워지는 영작패턴** ──

단어와 단어, 구와 구 또는 문장과 문장을 연결시키는 문장연결에는 and, but, however, so, therefore, thus, or 등이 있습니다.

223
and : ~와, 그리고, 그러면

그녀는 예뻤고 지적이었다. She is pretty and intelligent.

가족들과 친척들이 모두 모여 카드놀이를 했다.
My family and relatives got together and played cards.

224
but, however : 그러나

그는 몸이 약하지만 명랑하다. He is weak but cheerful.

컴퓨터는 유용하지만 때때로 문제를 일으키기도 한다.
Computers are useful; however, sometimes they cause some problems.

225
so, therefore, thus : 그래서, 그러므로

나는 머리가 아파서 약을 먹었다. I had a headache, so I took some medicine.

나는 시간이 없어서 약속을 지키지 못했다.
I had no time, so I couldn't keep my appointment.

나는 생각한다. 그러므로 나는 존재한다. I think, therefore I am.

226
or : 또는, 혹은, 아니면, 그렇지 않으면

이 일 또는 저 일로 바빴다. I was busy with one thing or another.

청소를 해라, 아니면 너는 빨래를 해야 한다.
Clean the rooms, or you will have to wash clothes.

1 나는 달리기를 잘하고 그는 수영을 잘한다. (run well 달리기를 잘하다)

   I _____, and _____.

2 나는 피아노를 치고 그는 노래를 불렀다. (sing a song 노래 부르다)

   I played _____, _____.

3 나는 거짓말을 했지만 결국 들통이 났다. (come to light 밝혀지다)

   I _____, _____.

4 나는 그를 초대하지 않았으나 그는 왔다. (invite 초대하다)

   I _____, _____.

5 나는 음악도 듣고 음악에 맞추어 춤도 추었다. (to music 음악에 맞추어)

   I _____.

6 나는 늦어서 학교로 급히 뛰어갔다. (rush into ~로 급히 뛰어가다)

   _____, _____.

7 그는 영어를 원어민처럼 말한다. 그래서 그가 부럽다. (envy 부러워하다)

   _____, _____.

8 나는 지하철에서는 책이나 신문을 읽는다. (on the subway 지하철에서)

   _____.

9 나는 우리 가족의 생일이나 기념일을 절대 잊지 않는다. (anniversary 기념일)

   _____.

10 나는 시간이 없다. 그러므로 그를 위한 선물을 준비할 수 없다. (prepare 준비하다)

   _____.

 문장연결어를 이용하여 좀 더 길어진 문장으로 일기를 써보세요.

Chapter 10

111

081 TV를 보다가 잠이 들었다. 시간접속사 1

☑ **나의 영작실력은?**

❶ 나는 해가 뜨기 전에 일어나야 했다. → _____

❷ 나는 물이 끓을 때까지 기다렸다. → _____

┌─ **영어일기가 쉬워지는 영작패턴** ──────────────────────

시간을 나타내는 접속사로는 when, while, before, after, till, until, since 등이 있습니다.

227

when : ~할 때, ~하면

기침이나 재채기를 할 때 가슴에 심한 통증이 있었다.
I had a terrible pain in my chest when I coughed or sneezed.

그가 사실을 말하면 나는 그를 용서할 것이다. When he tells the truth, I'll forgive him.

228

while : ~하는 동안에, ~하다가, ~하는 김에

TV를 보다가 잠이 들었다. While I was watching TV, I fell asleep.

내가 말하는 동안 그는 졸고 있었다. While I spoke to him, he was nodding off.

229

before, after : ~하기 전에, ~한 후에

나는 잠자기 전에 내일 할 일들의 목록을 점검했다.
Before I went to bed, I checked my list of things to do tomorrow.

그들이 음식을 먹은 후에 내가 설거지를 했다.
I did the dishes after they had eaten the food.

230

till, until : ~할 때까지   **since : ~한 이후에, ~ 이래로**

그가 전화를 받을 때까지 나는 계속 전화를 했다.
I kept calling until he answered his phone.

나는 태어난 이후로 줄곧 대전에서 살았다. I have lived in Daejeon since I was born.

1 그가 집에 오면 우리는 함께 저녁식사를 할 것이다. (have dinner 저녁식사 하다)

When _____, we'll _____ together.

2 엄마가 들어오셨을 때 나는 영어를 공부하고 있었다. (come in 들어오다)

When _____, _____.

3 나는 사과를 깎다가 손가락을 베었다. (peel 껍질을 벗기다)

I cut _____ while _____.

4 친척들이 오시기 전에 대청소를 했다. (clean up 대청소하다, relative 친척)

We _____ before _____.

5 나는 출발하기 전에 부모님께 절을 했다. (bow 절하다)

I bowed _____.

6 엄마가 떠난 후에 동생이 도착했다.

After _____, _____.

7 그는 개가 죽은 이후로 우울해 한다. (depressed 우울한)

He has been _____.

8 나는 엄마가 집에 오셔야 외출할 수 있다.

_____.

9 콘서트가 끝날 때까지 그가 나타나지 않았다. (appear 나타나다)

_____.

10 시간이 있으면 나는 시내를 돌아다닌다. (hang around 배회하다)

_____.

✎ 어떤 일을 하는 도중에 다른 일이 일어났던 경험을 일기로 써보세요.

Chapter 10

082 외출할 때마다 카메라를 가지고 간다. 시간접속사 2

☑ **나의 영작실력은?**

❶ 그는 그 소식을 듣자마자 창백해졌다. → _____

❷ 나는 말을 할 때마다 목이 아팠다. → _____

영어일기가 쉬워지는 영작패턴

231 '~하자마자'의 표현은 「as soon as + 주어 + 동사」 또는 on -ing 구문으로 나타낼 수 있습니다.

내가 버스 정류장에 도착하자마자 버스가 왔다.
As soon as I got to the bus stop, the bus came.

그곳에 도착하자마자 나는 가족에게 전화를 했다.
On arriving there, I called my family.

야영지에 도착하자마자 우리는 텐트를 쳤다.
As soon as we arrived at the campsite, we pitched our tents.

집에 들어가자마자 개가 나에게 달려왔다.
As soon as I got home, my dog ran to me.

그는 나를 보자마자 숨었다. On seeing me, he hid.

232 '~할 때마다'는 「whenever, everytime, each time + 주어 + 동사」 구문으로 표현하거나 '~하면 반드시 …하다'의 의미인 never ~ without -ing 구문으로 나타낼 수 있습니다.

나는 외출할 때마다 카메라를 가지고 간다.
I take my camera with me whenever I go out.

나는 동생과 만나기만 하면 싸운다.
Whenever my younger brother and I meet, we quarrel.
= My younger brother and I never meet without quarreling.

비가 올 때마다 나는 우울해진다. Everytime it rains, I get depressed.

그는 누군가 그의 도움을 필요로 할 때마다 항상 도와준다.
He helps people whenever someone needs his help.

1 나는 실수를 할 때마다 후회를 한다. (regret 후회하다)

I regret _____.

2 그는 내가 문제가 있을 때마다 나에게 조언을 해주었다. (advise 조언하다)

He advised me _____.

3 그는 우리가 거기에 갈 때마다 맛있는 음식을 준다. (delicious 맛있는)

He gives _____.

4 나는 집에 오자마자 이메일을 확인했다. (check 확인하다)

On _____, I _____.

5 나는 그의 이메일을 받자마자 답장을 했다. (reply 답장하다, receive 받다)

I _____.

6 나의 개는 나를 볼 때마다 꼬리를 흔든다. (wag 흔들다, tail 꼬리)

My dog _____.

7 나는 설거지를 할 때마다 꼭 접시를 하나씩 깬다. (wash dishes 설거지하다)

I never _____.

8 나는 용돈을 받을 때마다 그 돈을 저축한다. (allowance 용돈)

_____.

9 나는 베개에 눕자마자 잠이 들었다. (hit the pillow 베개에 눕다)

_____.

10 내가 그 이야기를 하자마자 그는 웃었다.

_____.

 무슨 일을 할 때마다 생기는 징크스가 있나요? 그에 대한 이야기를 일기로 써보세요.

083 아파서 갈 수가 없었다. 원인접속사

☑ **나의 영작실력은?**

❶ 그는 최선을 다했기 때문에 성공했다. → _____

❷ 비가 또 와서 나는 그냥 집에 있어야 했다.

   → _____

영어일기가 쉬워지는 영작패턴

233 원인을 나타내는 표현이 명사(구)일 경우는 「because of/owing to/on account of + 명사(구)」의 형태로 '~ 때문에 …하다'를 나타내며, 「thanks to + 명사(구)」는 '~ 덕분에'라는 의미로 결과에 도움이 되었을 경우에 사용합니다.

> 머리가 아파서 나는 거기에 갈 수가 없었다.
> I couldn't go there because of a headache.
> 날씨 때문에 마음이 우울했다. I felt depressed because of the weather.
> 고민 때문에 잠을 잘 잘 수가 없었다. I couldn't sleep well owing to my agony.

234 원인의 내용이 '~가 …했기 때문에 ―했다'의 형식으로 주어와 동사가 포함된 절이 올 경우는 「because/since/as/now that/for + 주어 + 동사」를 써서 표현합니다. because는 직접적인 원인을 나타낼 때, since와 as는 간접적인 원인이나 because보다 의미가 약한 이유를 나타낼 때 사용되며, now that은 '~이므로, ~인 이상'의 의미입니다. for는 뒤에 「주어 + 동사」가 오면 접속사로 쓰이는데 주로 부가적으로 이유를 설명할 때 '~다, 왜냐하면 …이기 때문이다'의 의미로 사용되며 주절 뒤에 쓰입니다.

> 그는 책임감이 없기 때문에 나는 그를 싫어한다.
> I don't like him because he isn't responsible.
> 이제 숙제도 다 끝냈으므로 잠을 잘 수 있다.
> Now that I have finished my homework, I can go to bed.
> 너무 서두르다가 숙제 가지고 오는 것을 잊었다.
> Since I was in such a hurry, I forgot to bring my homework.
> 나는 커피를 마시지 않는다. 왜냐하면 밤에 잠이 오지 않기 때문이다.
> I don't drink coffee, for it keeps me awake at night.

1 설사 때문에 나는 그 모임에 참석하지 못했다. (attend 참석하다, diarrhea 설사)

I couldn't _____.

2 선생님들 덕분에 나는 시험에 합격했다고 생각했다. (pass 합격하다)

I thought I passed _____.

3 그것은 내 부주의 때문이었다. (carelessness 부주의)

It was _____.

4 그가 화가 난 것은 내가 말대꾸를 했기 때문이다. (talk back to ~에게 말대꾸하다)

He got _____.

5 너무 어처구니없는 일이어서 참을 수가 없었다. (bear 참다, ridiculous 어처구니없는)

I couldn't _____.

6 어젯밤에 늦게까지 공부를 해서 일찍 일어날 수가 없었다. (till late 늦게까지)

As _____, I _____.

7 어두워지고 있어서 우리는 집으로 돌아왔다. (get dark 어두워지다)

Since _____, we _____.

8 나는 감기에 걸린 것이 틀림없다. 왜냐하면 기침이 나기 때문이다.

_____, _____.

9 우리는 밖으로 나갈 수 없다. 왜냐하면 비가 오기 때문이다.

_____.

10 이제 시험이 끝났으니 좀 쉴 수 있다. (relax 쉬다)

_____.

 무엇이 원인이 되어 어떤 일이 일어났는지에 대해 일기를 써보세요.

084 비록 키는 작지만 똑똑하다. 양보접속사

☑ 나의 영작실력은?

❶ 나는 피곤하기는 했지만 즐거웠다. → _____

❷ 우리 아버지는 자가용이 있지만 지하철을 타고 출근하신다.

   → _____

영어일기가 쉬워지는 영작패턴

235 '비록 ~일지라도, 비록 ~이지만, ~임에도 불구하고'를 나타내는 표현은 「though/although/even though/even if + 주어 + 동사」 구문으로 나타낼 수 있습니다.

내 동생은 비록 키는 작지만 똑똑하다.
Though my brother is short, he is clever.

비록 비싸기는 하지만 나는 그것을 사야 했다.
Though it is expensive, I had to buy it.

힘들기는 했지만 나는 멈출 수 없었다.
I couldn't stop even though it was hard.

그는 비록 어리기는 하지만 인내심이 있다.
Though he is young, he is patient.

바깥 날씨가 화창했지만 산책할 시간이 없었다.
Even though it was beautiful outside, I had no time to take a walk.

내일 비가 오더라도 하이킹을 갈 것이다.
Even if it rains tomorrow, I will go hiking.

비록 내가 약해 보일지라도 나는 건강하다.
Even though I look weak, I am healthy.

236 「notwithstanding/in spite of/despite + 명사」 구문은 '~임에도 불구하고'의 의미로 그 뒤에는 명사가 옵니다. nevertheless, nonetheless, yet은 '그럼에도 불구하고'의 의미로 단독으로 쓰입니다.

그는 어린나이에도 불구하고 어려운 상황을 극복해냈다.
Despite his young age, he overcame his difficult situation.

그녀는 매우 바빴다. 그럼에도 불구하고, 그녀는 그 문제를 해결했다.
She was very busy; nevertheless, she solved the problem.

1 그는 어리지만 아주 분별력이 있다. (sensible 분별력이 있는)

Though _____, _____.

2 나는 비록 돈은 없지만 그를 돕고 싶다.

Although _____, _____.

3 그는 최고는 아니지만 좋은 학생이다. (the best 최고)

He is a _____ even though _____.

4 우리는 비록 멀리 떨어져 살지만 여전히 좋은 친구이다. (far apart 멀리 떨어져, still 여전히)

_____, we _____.

5 나는 그림을 잘 그리지 못하지만 그림 그리기를 좋아한다. (paint 그림 그리다)

_____ though _____.

6 멋진 외모에도 불구하고 그 가수는 인기가 없다. (appearance 외모)

_____.

7 햇빛이 나는데도 비가 내렸다. (shine 빛나다)

_____.

8 우리는 비록 가난하다. 그럼에도 불구하고 언제나 행복하다.

_____.

9 나는 매우 아팠지만 울지 않았다.

_____.

10 나는 치통이 있었지만 병원에 가지 않았다.

_____.

 비록 어떠했지만 그와 반대되는 상황이 되었던 이야기를 일기로 써보세요.

Chapter 10

085 그가 나를 사랑하는 한 나는 행복하다. 조건접속사

☑ **나의 영작실력은?**

❶ 그가 먼저 이리로 오지 않으면 내가 거기로 가겠다.

→ _____

❷ 내가 당신을 사랑하는 한 당신이 누구든, 어디 출신이든, 무엇을 했든 상관없다.

→ _____

영어일기가 쉬워지는 영작패턴

조건을 나타내는 접속사로는 if, unless, only if, as long as, in case 등이 있는데, 이 접속사 뒤에는 주어와 동사가 옵니다.

237   if ~이면, ~하면 | only if ~할 때 | unless ~하지 않는다면, ~하는 한

그가 나를 도와주면 나는 그것을 더 빨리 끝낼 수 있을 것이다.
If he helps me, I will be able to finish it sooner.

별 다른 문제가 없는 한 나는 계획을 바꾸지 않을 것이다.
I won't change my plans unless there is a big problem.

다시 복습을 하지 않으면 그것은 그리 도움이 되지 않는다.
It is not very helpful unless I review it again.

238   as long as, as far as ~하는 한, ~하는 이상은, ~하는 만큼 | in case ~의 경우에는, ~의 경우를 대비하여

그가 나를 사랑하는 한 나는 행복하다. I am happy as long as he loves me.

그는 내가 원하는 만큼 놀도록 허용했다.
He allowed me to play as long as I want to.

그가 살아 있는 한 나는 그 일을 절대 하지 않을 것이다.
I will never do the work as long as he lives.

그가 그렇게 생각하는 한 나는 그에게 진실을 말하지 않을 것이다.
I won't tell the truth as long as he thinks so.

내가 아는 한 그는 나를 실망시키지 않을 것이다.
As far as I know, he will not disappoint me.

비가 올 경우를 대비해서 우산을 가져왔다.
In case it rains, I brought an umbrella with me.

1 너무 많이 먹으면 졸릴 것이다. (sleepy 졸린)

If _____, I will _____.

2 내가 거기에 가지 않는 한 그를 만나지 못할 것이다.

Unless _____, _____.

3 비가 오지 않는 한 나는 꼭 거기에 갈 것이다. (for sure 꼭, 확실히)

_____.

4 나는 그 책이 재미있으면 읽을 것이다.

_____, _____.

5 내가 기억하는 한 그는 모두와 잘 지냈다. (get along with ~와 잘 지내다)

He _____ as _____.

6 내가 할 수 있는 한 계속 불만을 토로했다. (keep -ing 계속 ~하다, complain 불평하다)

I kept _____.

7 바람이 불지 않는 한 우리는 배드민턴을 칠 수 있다. (badminton 배드민턴)

As _____.

8 내가 아는 한 그는 정직한 사람이 아니다.

As _____, _____.

9 길을 잃을 경우를 대비해 지도를 가지고 갈 것이다. (lose one's way 길을 잃다)

_____.

10 내가 규칙적으로 운동을 하는 한 건강을 지킬 수 있다. (regularly 규칙적으로)

_____.

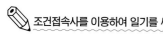 조건접속사를 이용하여 일기를 써보세요.

086 하라는 대로 했다. ~하는 대로

❶ 나는 그대로 하고 싶지 않았다. → _____

❷ 나는 그 이야기를 들은 그대로 이야기했다.

　→ _____

영어일기가 쉬워지는 영작패턴

239 '~처럼'의 의미인 '~대로'라는 표현은 「like + 명사」를 사용하여 나타낼 수 있는데, like this(이대로, 이렇게), like that(그대로, 그렇게)과 같이 표현됩니다. 또한 this way(이런 식으로, 이대로), that way(그런 식으로, 그대로), his way(그의 방식으로)와 같은 방식으로도 나타냅니다.

나는 이대로 쓰기 싫다. I don't like to write like this.

나는 그가 그렇게 행동하면 안 된다고 생각한다. I think he shouldn't act like that.

나는 이런 식으로 할 것이다. I will do it this way.

240 '~가 …하는 대로, ~가 …하는 것처럼'은 「as + 주어 + 동사」 구문으로 표현할 수 있습니다. 조금 다른 경우이지만, 「as soon as + 주어 + 동사」도 '~하는 대로 곧'의 의미를 나타내는데, 이는 '~한 행동을 하자마자 곧'의 의미입니다.

나는 그가 명령하는 대로 행동해야 했다. I had to behave as he ordered.

나는 엄마가 하라는 대로 했다. I did as my mom asked me to do.

나는 그것을 그대로 두는 게 더 좋다. I like it better as it is.

로마에서는 로마인들이 하는 대로 하라. When in Rome, do as the Romans do.

우리는 부모님들이 우리를 사랑하는 대로 부모님을 사랑해야 한다.
We should love our parents just as they love us.

나는 그 책을 그대로 두었다. I left the book as it was.

나는 요리법에 쓰인 대로 따랐다. I followed the recipe as it was written.

나는 수업이 끝나는 대로 집에 왔다.
I went home as soon as the class ended.

1 나는 그런 식으로 공부하고 싶지 않다. (that way 그런 식으로)

I don't _____.

2 나는 형이 시키는 대로 한다. (tell 말하다, 시키다)

I _____ as _____.

3 그는 언제나 그가 좋을 대로 말한다.

He always _____.

4 나는 옷을 갈아입는 대로 외출할 것이다. (change one's clothes 옷을 갈아입다)

I will _____.

5 나는 내 일이 끝나는 대로 잠자리에 들 것이다.

I will _____.

6 나는 그의 이메일을 받는 대로 그에게 전화해야 했다.

_____.

7 나는 모든 것을 내 맘대로 선택하고 싶다. (choose 선택하다)

_____.

8 예보된 대로 날씨가 아주 좋았다. (forecast 예보하다)

_____.

9 눈사람이 녹지 않고 그대로 있으면 좋겠다. (snowman 눈사람, melt 녹다)

I hope _____.

10 나는 그 돈을 내 마음대로 쓰고 싶다. (spend 쓰다)

_____.

 누가 하는 대로 따라해 본 적이 있었나요? 그렇게 해서 어떤 일이 생겼는지에 대해서 일기를 써보세요.

087 나를 아이처럼 취급한다. 마치 ~인 것처럼

☑ 나의 영작실력은?

❶ 그는 나에게 마치 우리 아버지처럼 이야기한다.

→ _____

❷ 그는 휴식이 조금 필요한 듯 보였다. → _____

영어일기가 쉬워지는 영작패턴

241 실제와는 다르지만 '마치 ~처럼, 마치 ~였던 것처럼'의 상황을 나타내는 경우에는 as if나 as though 다음에 가정법동사를 써서 표현합니다.

> - as if/though + 주어 + 동사과거형(가정법과거) : 동사의 과거형을 써서 '마치 ~인 것처럼'의 의미를 나타냅니다.
> - as if/though + 주어 + had + 과거분사(가정법과거완료) : 과거사실과 반대되는 경우를 나타내며 '마치 ~였던/했던 것처럼'의 의미입니다.

그는 나를 마치 아이처럼 취급한다. He treats me as if I were a child.

나는 마치 그것에 대해 모든 것을 아는 것처럼 말했다.
I talked as though I knew all about it.

나는 거기에 가본 적이 있는 것처럼 말했다. I talked as if I had been there.

나는 아무 일도 없었다는 듯이 행동했다. I behaved as if nothing had happened.

242 지각동사 feel, look, sound, smell, taste 뒤에 like, as if, as though를 써서 '마치 ~처럼 느끼다/보이다/들리다/냄새가 나다/맛이 나다'의 의미를 표현할 수 있습니다.

세상을 다 얻은 듯한 기분이었다. I felt like I was on top of the world.

갑자기 마치 머리가 뱅뱅 도는 것 같았다.
I suddenly felt as if my head were spinning.

마치 비가 올 것처럼 보였다. It looked like it would rain.

마치 눈에 뭐가 들어간 것 같았다. I felt as if there were something in my eyes.

1 그는 마치 자기가 영화배우인 것처럼 행동한다. (behave 행동하다)

He _____ as though _____.

2 그는 마치 그 영화를 본 것처럼 말한다.

He _____.

3 나는 마치 꿈꾸는 듯한 기분이었다. (be in a dream 꿈꾸고 있다)

I felt _____.

4 그는 어젯밤에 잠을 잘 못 잔 것처럼 보였다. (last night 어젯밤에)

He looked _____.

5 나는 곧 쓰러질 것 같은 기분이 들었다. (faint 쓰러지다)

I felt _____.

6 누군가 울고 있는 것처럼 들렸다.

It sounded _____.

7 그는 항상 건강에 대해서 의사인 것처럼 말한다.

He always _____.

8 그는 다리를 다친 것처럼 보였다. (hurt 다치다)

_____.

9 그는 매우 당황한 것처럼 보였다. (embarrassed 당황한)

_____.

10 그는 마치 유럽에 가본 것처럼 말했다. (Europe 유럽)

_____.

 사실은 그렇지 않은데 그런 것처럼 행동해 본 경험에 대해 일기로 써보세요.

088 축구뿐 아니라 농구도 할 수 있다. 연결어 1

☑ **나의 영작실력은?**

❶ 그 프로그램은 재미있을뿐 아니라 교육적이기도 하다.

→ _____

❷ 나는 머리가 아팠다. 게다가 할일도 너무 많았다.

→ _____

영어일기가 쉬워지는 영작패턴

243 'A뿐 아니라 B도'의 표현은 not only A but also B 또는 B as well as A 구문으로 나타낼 수 있습니다.

나는 축구뿐 아니라 농구도 할 수 있다.
I can play basketball as well as soccer. = I can play not only soccer but also basketball.

그는 친절할뿐 아니라 부지런하기도 하다.
He is diligent as well as kind. = He is not only kind but also diligent.

나는 영어뿐만 아니라 불어도 할 수 있다.
I can speak French as well as English. = I can speak not only English but also French.

나는 스티븐뿐 아니라 메리도 파티에 초대할 것이다.
I will invite Mary as well as Steven. = I will invite not only Steven but also Mary.

244 '게다가, 더구나, 또한'은 in addition, additionally, moreover, futhermore, besides, what is more, also, too, as well 등을 사용하여 표현합니다.

그는 못생겼다. 게다가 다정하지도 않다. He is ugly. In addition, he is not friendly.
배가 몹시 고팠다. 게다가 졸리기까지 했다.
I was very hungry, and moreover, I was sleepy.
오늘은 점심도 못 먹었고, 게다가 저녁은 건너뛰었다.
I didn't eat any lunch and skipped dinner also.
안에서 새는 바가지 밖에서도 샌다.
One who is extravagant at home is extravagant outside as well.

1 나는 소설뿐 아니라 시에도 흥미가 있다. (be interested in ~에 흥미가 있다)

I am _____ poems _____ .

2 오늘은 매우 더웠고 게다가 비까지 왔다.

Today was _____ , and _____ .

3 나는 노래뿐 아니라 춤도 잘 춘다. (be good at ~을 잘하다)

I am _____ as well _____ .

4 우리 엄마는 친절할뿐 아니라 관대하기도 하다. (generous 관대한)

My mom _____ .

5 수영은 어린이들에게뿐 아니라 성인들에게도 좋은 스포츠이다. (adult 성인)

Swimming is a _____ .

6 그는 예의가 바를뿐 아니라 사려도 깊다. (considerate 사려가 깊은)

He is _____ .

7 그녀는 참 예쁘다. 게다가 마음도 따뜻하다. (warm-hearted 마음이 따뜻한)

She _____ .

8 나는 그의 외모가 싫은데다가 그의 성격도 싫다. (appearance 외모, personality 성격)

_____ .

9 부모님께서 나에게 신발도 사주시고 게다가 맛있는 음식도 사주셨다.

My parents _____ .

10 시간도 많이 걸렸고, 게다가 비용도 많이 들었다.

_____ .

 한 가지뿐 아니라 다른 어떤 것이 관계되어 있는 경우를 일기로 써보세요.

089 동생과는 달리 활발하다. 연결어 2

☑ 나의 영작실력은?

❶ 나는 아프기는커녕 그와 반대로 최상의 컨디션이었다.

→ _____

❷ 나도 그와 마찬가지로 공부하는 것을 싫어한다.

→ _____

영어일기가 쉬워지는 영작패턴

245 앞 문장과 대조적인 의미를 나열하고자 할 때, 즉 '반면에, 대조적으로, 그와는 달리'의 의미를 나타낼 경우에는 on the other hand(반면에), in contrast, on the contrary(대조적으로, 그와는 반대로), unlikely(~와는 달리), instead(그 대신에) 등을 사용하고, '~ 대신에'는 「instead of + 명사」 구문으로 표현합니다.

나는 동생과는 달리 활발하다. I am active unlike my brother.

나는 책 읽기를 싫어한다. 반면, 동생은 책 읽기를 좋아한다.
I don't like to read books. On the other hand, my younger brother does.

우리나라에서와는 다르게 미국에서는 대학의 학기가 9월에 시작한다.
Unlike in my country, the academic year of the university begins in September in America.

나는 아침에 밥을 먹지 않고 대신에 샌드위치를 먹는다.
I don't eat rice for breakfast; I eat a sandwich instead.

그는 건강하기는커녕 그와는 반대로 당뇨병으로 고생하고 있다.
He is not healthy; on the contrary, he suffers from diabetes.

246 '비슷하게, 유사하게, 마찬가지로'의 표현은 similarly, likewise, in the same way, equally를 사용하여 나타내며, '~와 마찬가지로, ~처럼'은 「like + 명사」 구문으로 표현합니다.

그들은 비슷하게 옷을 입었다. They were similarly dressed.

나도 마찬가지로 그것을 갖고 싶었다. I wanted to have it likewise.

그들은 마찬가지로 행동한다. They behave in the same way.

이 모든 약이 똑같이 효과가 좋다. All of these medicines are equally effective.

개들도 사람들과 마찬가지로 사랑을 필요로 한다. Dogs, like people, need love.

1 나는 긴장을 풀기는커녕 그와는 반대로 스트레스를 받았다. (get stressed 스트레스를 받다)

I didn't relax; on _____, _____.

2 나는 우리 엄마와는 달리 키가 작다.

I am _____.

3 나는 달리기를 잘하는 반면 수영을 잘 못한다.

I run well. _____, _____.

4 우리 가족과는 다르게 그들은 생일파티를 하지 않는다.

_____, they don't _____.

5 나는 우산을 가져가지 않고 대신에 우비를 입었다. (raincoat 우비)

I _____. _____.

6 그녀는 명랑하지는 않다. 하지만 그와는 반대로 외향적이다. (cheerful 명랑한)

She _____; _____.

7 나도 마찬가지로 그를 따라가고 싶었다. (follow 따라가다)

_____.

8 그들은 비슷하게 생각한다.

_____.

9 그들은 똑같이 과학을 잘한다.

_____.

10 나도 내 친구들과 마찬가지로 큰 희망을 가지고 있다.

_____.

 무엇과 비슷하거나 다른 경우가 있었나요? 그 이야기를 일기로 써보세요.

129

090 다시 말하면, 나는 천재가 아니다. 연결어 3

☑ 나의 영작실력은?

❶ 그는 매우 보수적이다. 예를 들면 그는 절대 새로운 유행을 따르지 않는다.

→ _____

❷ 나는 공책, 필통, 자 등과 같은 문구용품이 필요했다.

→ _____

영어일기가 쉬워지는 영작패턴

247 '가령, 예를 들면'의 표현은 for example, for instance로 나타내며, such as ~는 '예를 들어 ~와 같은'의 의미를 표현합니다. '등등'은 and so on, and so forth, etc.로 나타낼 수 있습니다.

그녀는 우아한 것들을 좋아한다. 예를 들어 꽃은 백합, 목련과 같은 것을 좋아한다.
She likes elegant things. For example, she likes flowers such as lilies and magnolias.

우리 할머니는 건강보조식품을 좋아한다. 예를 들면 식사 후에 꼭 비타민제를 드신다.
My grandmother likes dietary supplements. For instance, she always takes a Vitamin C tablet after meals.

나는 냅킨과 식탁보, 앞치마 같은 것들을 만들었다.
I made items such as napkins, tablecloths and aprons.

나는 휴대폰을 이용하여 게임이나 스케줄 관리 등과 같은 많은 일들을 한다.
By using my cell phone, I do many things such as playing games, making my schedule and so on.

248 '즉, 다시 말하면'은 in other words, that is, so to speak을 사용하여 표현합니다.

나는 모든 문제를 다 풀 수는 없다. 다시 말하면, 나는 천재가 아니다.
I can't solve all the questions, that is, I am not a genius.

그는 자기 의견을 말하지 않는다. 다시 말하면, 그는 자신을 표현하지 않는다.
He doesn't speak his opinions, in other words, he doesn't express himself.

그는 나에게 사실이 아닌 말들을 많이 한다. 다시 말하자면, 그는 사기꾼이다.
He tells me a lot of untrue things, so to speak, he is a kidder.

1 나는 매우 활기차다. 예를 들면 거의 모든 야외활동을 좋아한다. (outdoor activity 야외활동)

I am very active. _____, _____.

2 그는 참 이기적이다. 예를 들면 그는 남 돕는 것을 좋아하지 않는다. (selfish 이기적인)

He is really _____. _____, _____.

3 나는 양파, 당근 등과 같은 야채를 싫어한다. (vegetable 야채, onion 양파)

I don't like _____.

4 호랑이, 사자 같은 야생동물들을 볼 수 있었다. (wild animal 야생동물)

I could watch _____.

5 나는 침묵을 지켰다. 다시 말해, 아무 말도 하고 싶지 않았다. (keep silent 침묵을 지키다)

I kept _____. _____, _____.

6 나는 귀머거리처럼 행동했다. 다시 말해, 아무 말도 듣고 싶지 않았다. (deaf 귀머거리의)

I acted as if _____. _____.

7 나는 연구원 같은 직업을 갖고 싶다. (researcher 연구원)

I _____.

8 나는 짧은 반바지나 민소매 셔츠 같은 옷들은 입지 않는다. (shorts 짧은 반바지)

_____.

9 나는 가수나 배우 같은 연예인이 되고 싶다. (entertainer 연예인)

_____.

10 나는 금성이나 화성 같은 별에 대해서 공부하고 싶다. (Venus 금성, Mars 화성)

_____.

 예를 들어 가면서 말할 수 있는 주변의 이야기를 일기로 써보세요.

모범일기 10

My neighbor

Cloudy, Saturday, 2 January

My family moved to this new house two months ago. The family next door helped us very much. They gave us some information about other neighbors and helpful telephone numbers as soon as we moved in. After finishing arranging our household and furniture, we invited them to dinner. I told them I was thankful for their kindness. We got to be good friends soon. When we need some help, we help one another. Now we see one another as if we were family. I think a good neighbor is better than a distant brother. I hope to continue getting along with them.

우리 이웃

우리 가족은 두 달 전에 이 새 집으로 이사를 했다. 우리 옆집에 사는 가족이 우리를 매우 많이 도와주었다. 그들은 우리가 이사 오자마자 다른 이웃에 대한 정보와 도움이 될 만한 전화번호들을 알려주었다. 우리 살림살이와 가구들의 정리가 끝난 후에, 우리는 그들을 저녁식사에 초대했다. 나는 그들에게 친절에 감사드린다고 이야기했다. 우리는 곧 좋은 친구가 되었다. 우리는 도움이 필요하면 서로 도와준다. 이제는 마치 가족인 것처럼 서로 만난다. 나는 먼 친척보다 좋은 이웃이 낫다고 생각한다. 나는 그들과 계속 잘 지내기를 바란다.

next door 옆집에 사는 | **information** 정보 | **neighbor** 이웃 | **as soon as** ~하자마자 | **arrange** 정리하다 | **household** 살림 | **be thankful for** ~에 감사하다 | **one another** 서로 | **as if** 마치 ~인 것처럼 | **distant** 먼

영작을 위한 표현

091 그는 나를 자주 도와주시는 선생님이다. 주격 관계대명사

☑ 나의 영작실력은?

❶ 나는 영어를 아주 잘하시는 그 선생님을 좋아한다.

→ _____

❷ 그는 남을 도와주는 자원봉사자이다. → _____

영어일기가 쉬워지는 영작패턴

249 관계대명사는 접속사와 대명사를 대신하여 문장을 연결해 주는 역할을 하는 것으로 이를 사용하여 두 문장을 한 문장으로 만들 수 있습니다. 관계대명사는 다음의 표처럼 선행사에 따라 다르게 사용됩니다.

선행사	주격	소유격	목적격
사람	who	whose	whom
동물/사물	which	whose, of which	which
사람/동물/사물	that	–	that
–	what	–	what

관계대명사 만드는 법 : He is <u>a teacher</u>. / <u>He</u> often helps me.

위 두 문장을 관계대명사를 이용하여 한 문장으로 만들어봅시다. 첫 문장의 a teacher와 두 번째 문장의 He는 같은 사람입니다. 두 번째 문장의 He가 주어의 역할을 하고, 선행사가 사람이므로 주격 관계대명사 who를 사용하여 다음처럼 바꾸어 쓰면 됩니다.

→ He is a teacher who often helps me. 그는 나를 자주 도와주시는 선생님이다.

250 관계대명사가 자신이 이끄는 관계대명사절 속에서 주어의 역할을 하는 경우, 이를 주격 관계대명사라 합니다. 주격 관계대명사 다음에는 동사가 옵니다.
선행사가 사람일 경우는 who, 사물일 경우는 which나 that을 사용합니다.

그는 요리하는 것을 좋아하는 학생이다. He is a student who likes cooking.
나에게는 안경을 쓴 친구들이 많다. I have a lot of friends who wear glasses.
나는 재미있는 영어책을 원한다. I want an English book which is interesting.

1 이 아이가 나에게 길을 알려준 소년이다. (show ~ the way ~에게 길을 알려주다)

This is the _____ .

2 우리는 축구를 잘하는 사람이 필요하다.

We need a _____ .

3 나는 흩어져 있는 책들을 정리했다. (arrange 정리하다, scattered 흩어진)

I arranged _____ .

4 나는 신 맛이 나는 과일을 싫어한다. (taste ~한 맛이 나다, sour 신)

I don't _____ .

5 그는 여행할 때 매우 편리한 자동차를 가지고 있다. (convenient 편리한)

He has a car _____ for travel.

6 나는 그 전화를 받은 사람을 모른다. (answer the phone 전화를 받다)

I don't _____ .

7 그가 그 지갑을 훔친 소년이다. (steal 훔치다)

He is _____ .

8 나는 남을 못살게 구는 사람들을 이해하지 못하겠다. (bully 못살게 굴다)

_____ .

9 그는 법 없이도 살 수 있는 사람이다. (law 법)

_____ .

10 나는 대학을 다니고 있는 사촌이 부럽다. (envy 부러워하다)

_____ .

 관계대명사를 이용하여 두 문장을 한 문장으로 만드는 연습을 하면서 그 문장들로 이야기를 꾸며보세요.

Chapter 11

092 꼬리가 긴 고양이를 기르고 있다. 소유격 관계대명사

☑ **나의 영작실력은?**

❶ 부모님이 돌아가신 아이들이 많았다. → _____

❷ 나는 지퍼가 고장난 점퍼를 입고 있었다. → _____

영어일기가 쉬워지는 영작패턴

251 I have a son. His name is Kevin. 이 두 문장을 관계대명사를 사용하여 한 문장, 즉 '나는 그의 이름이 케빈인 아들이 있다.'로 바꿀 때는 소유격 관계대명사 whose 를 사용하여 I have a son whose name is Kevin.으로 바꿀 수 있습니다. His name은 my son's name이므로 소유격을 이용하여 문장을 연결해야 하며, 이 때 whose 다음에는 반드시 명사가 뒤따릅니다.

나는 꼬리가 긴 고양이를 기르고 있다.
I raise a cat. / Its tail is long. → I raise a cat whose tail is long.

집이 우리 아파트 근처에 있는 그는 외식하는 것을 좋아한다.
He likes to eat out. His house is near my apartment.
→ He whose house is near my apartment likes to eat out.

나는 아버지가 선생님인 한 소년을 만났다.
I met a boy. His dad was a teacher. → I met a boy whose dad was a teacher.

252 선행사가 사람이 아닐 때는 whose 대신 of which를 씁니다.

그 지붕이 파란 집이 우리 집이다.
The house of which the roof is blue is my house.

정상이 눈으로 덮인 그 산은 한라산이다.
The mountain of which the top is covered with snow is Mt. Halla.

1   나는 수업이 매우 재미있는 선생님을 좋아한다.

    I like a teacher _____.

2   나는 다리가 매우 짧은 강아지를 기르고 싶다. (raise 기르다)

    I want to _____.

3   나는 아버지가 의사인 남자를 만났다.

    I met _____.

4   나는 가족이 대가족인 사람이 좋다.

    _____ is large.

5   나는 실수가 아주 심각했던 그 사람을 알고 있다. (serious 심각한)

    I know _____.

6   나는 지붕이 높은 자동차를 갖고 싶다. (roof 지붕)

    I want _____.

7   나는 다리가 부러진 그 친구를 도와주었다. (broken 부러진)

    _____.

8   나는 날개를 절대로 움직이지 않는 새를 보았다. (wing 날개)

    _____.

9   나는 머리가 세상에서 가장 긴 여자를 보았다. (in the world 세상에서)

    _____.

10   우리는 분위기가 좋은 레스토랑에 들어갔다. (ambiance 분위기)

    _____.

 소유격 관계대명사를 사용한 문장들로 일기를 써보세요.

Chapter 11

093 그는 내가 어제 만났던 사람이 아니다. 목적격 관계대명사

☑ **나의 영작실력은?**

❶ 내가 어젯밤에 보았던 그 TV프로그램은 우리의 역사에 관한 것이었다.

→ _____

❷ 내가 정직하다고 믿었던 그 사람이 나를 속였다. → _____

영어일기가 쉬워지는 영작패턴

253 목적격 관계대명사는 선행사가 자신이 이끄는 절의 목적어일 때 사용합니다. He is the boy. / I met him yesterday. 이 두 문장에서 the boy와 him은 같은 사람입니다. 따라서 두 번째 문장의 him을 목적격 관계대명사 whom으로 바꾸어 He is the boy whom I met yesterday.(그는 내가 어제 만났던 소년이다.)로 쓸 수 있습니다. 이때 선행사가 사람이기 때문에 관계대명사 whom을 사용하는데 whom 대신 who를 쓰기도 합니다.

그는 내가 어제 만났던 사람이 아니다.
He is not the person who(m) I met yesterday.

우리가 어제 만났던 그 선생님은 매우 다정하시다.
The teacher was very friendly. We met him yesterday.
→ The teacher whom we met yesterday was very friendly.

그는 내가 정말로 좋아하는 영어선생님이시다.
He is an English teacher. I really like him.
→ He is an English teacher whom I really like.

내가 어제 전화했던 그 사람은 나의 삼촌이다.
The man is my uncle. I called him yesterday.
→ The man whom I called yesterday is my uncle.

내가 존경하는 그 여자 분은 변호사이다.
The woman is a lawyer. I respect her.
→ The woman whom I respect is a lawyer.

254 선행사가 사물일 때 목적격 관계대명사는 which, that을 사용합니다.

우리 언니가 요리한 그 요리는 환상적이었다.
The dish was fantastic. My sister cooked the food.
→ The dish which my sister cooked was fantastic.

나는 내가 정말로 사고 싶었던 시계를 골랐다.
I chose the watch. I wanted to buy it.
→ I chose the watch that I wanted to buy.

1 내 친구가 나에게 준 우산을 잃어버렸다. (lose 잃어버리다, umbrella 우산)

I lost _____.

2 내가 어제 읽었던 그 책은 매우 웃겼다. (funny 웃기는)

The book that _____.

3 그는 우리가 존경하는 과학자 중의 한 사람이다. (respect 존경하다)

He is one of _____.

4 그는 그렇게 사랑했던 사람과 작별인사를 했다. (say goodbye 작별인사하다)

He said _____.

5 우리가 어제 방문했던 그 아이는 많이 아프다. (visit 방문하다)

The kid _____.

6 나는 엄마가 나를 위해 만들어준 가방이 좋다.

I like _____.

7 수학은 내가 가장 싫어하는 과목이다. (subject 과목)

Math _____.

8 내 친구가 말해 준 그 비밀을 나는 말하지 않을 것이다. (secret 비밀)

_____.

9 내가 공부할 필요가 있는 과목들을 공부했다.

_____.

10 나는 그에게 내가 그린 그림을 하나 주었다. (draw 그리다)

_____.

 목적격 관계대명사를 사용한 문장들로 일기를 써보세요.

094 이곳은 그가 사는 집이다. 관계부사

☑ 나의 영작실력은?

❶ 나는 우리가 처음 만난 날을 기억한다. → _____

❷ 나는 그가 그렇게 화난 이유를 모르겠다. → _____

영어일기가 쉬워지는 영작패턴

255 관계부사는 접속사와 부사의 역할을 하는 것으로 선행사에 따라 다르게 쓰이며, 「전치사 + 관계대명사」로도 바꾸어 쓸 수 있습니다. 단, 관계부사 how는 the way와 함께 쓰지 않고 둘 중 하나만 씁니다.

용법	선행사	관계부사	전치사 + 관계대명사
장소	the place	where	at/on/in which
시간	the time	when	at/on/in which
여유	the reason	why	for which
방법	(the way)	how	in which

이곳은 그가 사는 집이다.
This is the house where he lives. = This is the house in which he lives.

이곳은 내가 태어난 병원이다.
This is the hospital where I was born.
= This is the hospital in which I was born.

그녀는 가게 문을 닫는 10시에 도착했다.
She arrived at 10 o'clock when the store closed.
= She arrived at 10 o'clock at which the store closed.

나는 우리가 그 박물관에 갔던 그 날을 기억한다.
I remember the day when we visited the museum.
= I remember the day on which we visited the museum.

나는 내가 늦은 이유를 그에게 말했다.
I told him the reason why I was late.
= I told him the reason for which I was late.

나는 그가 거기에 간 이유를 모르겠다.
I don't know the reason why he went there.
= I don't know the reason for which he went there.

나는 그가 그것을 만든 방법을 알고 있다.
I know (the way) how he made it.
= I know the way in which he made it.

1 월요일은 내가 가장 바쁜 날이다. (the busiest 가장 바쁜)

Monday _____.

2 나는 기차가 출발하는 시간을 모르고 있었다. (depart 출발하다)

I didn't know _____.

3 나는 방이 많은 집에서 살고 싶다.

I want to _____.

4 나는 내가 자란 마을에 가보고 싶다. (village 마을)

I want _____.

5 이곳이 내가 친구들과 수영하던 개울이다. (stream 개울)

This is _____.

6 아무도 그 사고가 일어난 이유를 모른다. (accident 사고)

Nobody _____.

7 나는 그가 울었던 이유를 안다.

_____.

8 내가 먼저 사과해야 할 이유가 없었다. (apologize 사과하다)

There was _____.

9 그것이 내가 그를 싫어하는 이유이다. (hate 싫어하다)

_____.

10 엄마는 나에게 김치 담그는 방법을 가르쳐주셨다. (teach 가르치다)

_____.

 관계부사가 들어간 문장으로 일기를 써보세요.

095 그가 말하는 것은 무엇이든 사실이다. 복합관계사 1

☑ 나의 영작실력은?

❶ 나는 내가 좋아하는 것은 어느 것이든 선택할 수 있다.

→ _____

❷ 나는 그것을 원하는 사람은 누구에게나 줄 것이다.

→ _____

영어일기가 쉬워지는 영작패턴

256 관계대명사, 또는 관계부사에 ever를 붙인 형태, 즉 whoever, whichever, whatever, whenever, wherever, however는 복합관계사라고 불리는데, 이는 '~ 은 무엇이든'과 같은 의미를 가집니다.

복합관계대명사	whoever	anyone who ~	~는 누구든지
	whichever	any(one) that ~	~하는 어느 쪽이든지
	whatever	any(thing) that ~	~하는 것은 무엇이든지
복합관계부사	whenever	at any time when ~	~하는 언제든지
	wherever	in any place where ~	~하는 어느 곳이든지
	however	in any way how ~	~한 방법이든지

그가 말하는 것은 무엇이든 사실이다. Whatever he may say, it is true.

나는 거기에 가기를 원하는 사람은 누구든 데려갈 것이다.
I'll take whoever wants to go there.

나는 마음 내키는 대로 어디든 가고 싶었다.
I wanted to take a trip to wherever I felt like going.

이 규칙을 어기는 자는 누구나 벌을 받을 것이다.
Whoever breaks this rule will be punished.

네가 가지고 있는 것은 무엇이든지 그에게 주어라. Give him whatever you have.

나는 그가 필요로 하는 것은 무엇이든지 그에게 주었다. I gave him whatever he needed.

나는 내가 원할 때는 언제라도 그에게 전화할 수 있다. I can phone him whenever I want.

1 나는 긍정적인 사람은 누구든 좋다. (positive 긍정적인)

I like _____.

2 비가 올 때마다 꼭 우리는 튀김을 먹는다. (fried foods 튀김)

We eat _____.

3 내가 좋아하는 곳은 어디든지 가고 싶다.

I want _____.

4 나는 어디를 가든 항상 개를 데리고 다닌다.

_____, _____.

5 원하는 사람은 누구나 올 수 있다.

_____.

6 내 동생은 내가 하는 대로 따라한다. (follow 따라하다)

My brother _____.

7 나는 무슨 행동을 하든 항상 잘못한 것 같다. (seem to ~인 것 같다)

_____, _____.

8 나는 피곤할 때는 언제나 자고 싶다.

_____.

9 그는 내가 원하는 것은 무엇이든지 주었다.

_____.

10 어떤 팀이 이기든지 나에겐 별로 중요하지 않았다. (matter 중요하다)

_____, _____.

 복합관계사를 이용한 문장으로 일기를 써보세요.

096 아무리 추워도 가야 한다. 복합관계사 2

☑ **나의 영작실력은?**

❶ 그가 무슨 말을 하더라도 아무도 믿지 않는다.

　→ _____

❷ 아무리 덥더라도 나는 테니스를 칠 것이다. → _____

영어일기가 쉬워지는 영작패턴

257 복합관계사는 양보의 의미로 쓰여 '~하더라도, ~할지라도'를 나타내기도 하는데, 이는 no matter ~로 바꾸어 쓸 수 있습니다. however가 '아무리 ~하더라도'를 나타낼 때는 「how + 형용사/부사 + 주어 + 동사」의 어순으로도 표현됩니다.

복합관계대명사	whoever	no matter who ~	누가 ~하더라도
	whichever	no matter which ~	어느 쪽을 ~하더라도
	whatever	no matter what ~	무엇을 ~하더라도
복합관계부사	whenever	no matter when ~	언제 ~하더라도
	wherever	no matter where ~	어디에 ~하더라도
	however	no matter how ~	아무리 ~하더라도

아무리 춥더라도 거기에 가야 한다.
However cold it is, I have to go there.

내가 무엇을 선택하든 그는 신경 쓰지 않는다.
Whatever I choose, he doesn't mind it.

그가 언제 오더라도 환영받을 것이다.
Whenever he comes, he will be welcome.

내가 어느 것을 사더라도 나는 만족할 것이다.
Whichever I may buy, I will be satisfied.

그가 어디를 가든 나는 그를 따라가겠다.
Wherever he may go, I will follow him.

네가 무엇을 한다 할지라도 잘해라.
Whatever you may do, do it well.

1 어느 것을 선택한다 할지라도 내 마음에 들 것이다. (be pleased 마음에 들다)

Whichever _____, _____.

2 내가 아무리 열심히 일을 해도 그는 결코 만족하지 않았다. (be satisfied 만족하다)

However _____, _____.

3 아무리 부자라 할지라도 태만해서는 안 된다. (idle 태만한)

_____ rich a man may be, _____.

4 그가 언제 오더라도 그를 보면 나는 반갑다.

_____, I'm _____.

5 그가 어디로 가든 나는 상관하지 않는다. (care 상관하다)

_____, _____.

6 그가 어디에 있든지 나는 그를 찾을 것이다.

_____.

7 아이들이 아무리 나이가 들어도 부모들은 그들을 걱정한다.

Parents _____.

8 우리가 아무리 열심히 노력한다 하더라도 영어를 한 달에 습득할 수는 없다.

_____.

9 무슨 일이 있든 나는 그것을 하겠다.

_____.

10 그 결과가 어떻게 되든 나는 최선을 다할 것이다. (result 결과)

_____.

 복합관계사를 이용하여 일기를 써보세요.

Chapter 11

My dog

I wanted to have a dog that I could raise indoors. but my parents don't like dogs. My parents told me that they agreed to keep a dog as long as I could raise it without their help. In other words, if I can take care of the dog by myself, it's possible for me to have one. I promised to feed, walk the dog and do other things for it. Finally they bought me a nice dog which has shining fur. I like playing with him very much. He follows me wherever I go. He eats whatever I give him. Whenever I return home, he runs to me, wagging his tail. Whenever he is sleepy, he lies beside me. I take my dog for a walk every evening at the park. When I throw a ball, he fetches it. I take care of him like a baby. Wherever I go, I want to take my dog. I really like my dog.

나의 애완견

나는 실내에서 기를 수 있는 개를 한 마리 가지고 싶었다. 그러나 우리 부모님들은 개를 좋아하지 않으신다. 그들은 내가 부모님의 도움 없이 기를 수 있는 한, 개를 기르는 것을 승낙하신다 하셨다. 즉 다시 말해, 내가 혼자서 개를 보살필 수 있다면, 개를 가질 수 있었다. 나는 개에게 밥 주고, 산책시키고 그리고 개를 위한 다른 것들도 한다고 약속했다. 드디어 그들은 나에게 빛나는 털을 가진 멋진 개를 한 마리 사주셨다. 나는 그와 노는 것을 매우 좋아한다. 그 개는 내가 가는 곳마다 따라다닌다. 내가 주는 것은 무엇이든지 잘 먹는다. 내가 집에 돌아오면 나에게 꼬리를 흔들며 달려온다. 그는 졸릴 때면 언제든지 내 옆에 와서 눕는다. 나는 매일 저녁 공원에서 개를 산책시킨다. 내가 공을 던지면 그는 그것을 가져오기도 한다. 나는 그를 아기처럼 돌보고 있다. 내가 가는 곳마다 나의 개를 데리고 가고 싶다. 나는 정말 나의 개가 좋다.

raise 기르다 | **as long as** ~하는 한 | **in other words** 즉, 다시 말하면 | **take care of** ~를 돌보다 | **feed** 먹이를 주다 | **fur** 털 | **follow** 따라다니다 | **wherever** 어디를 ~하든지 | **whatever** ~는 무엇이든지 | **wag** 흔들다 | **tail** 꼬리 | **lie** 눕다 | **throw** 던지다 | **fetch** 가서 가져오다

영작을 위한 표현

097 당분간 좀 쉬고 싶다. 동사구

☑ **나의 영작실력은?**

❶ 나는 집안일 하는 것, 특히 유리창 닦는 것이 싫다.

→ _____

❷ 나는 예금하러 은행에 갔다. → _____

영어일기가 쉬워지는 영작패턴

258 영어식 표현에는 동사가 명사와 함께 쓰여 의미를 이루는 말들이 많습니다. 다음은 많이 쓰이는 표현들입니다.

> **do** do one's homework 숙제하다 | do the housework 집안일을 하다 | do the laundry 빨래하다 | do the dishes 설거지하다 | do ~ a favor ~에게 호의를 베풀다 | do an exercise 연습문제를 풀다, 운동을 하다 | do one's best 최선을 다하다 | do one's shopping 쇼핑하다 | do a good job 일을 잘하다 | do good 이익이 되다 | do harm 해가 되다
>
> **make** make a mistake 실수하다 | make an appointment 약속시간을 정하다 | make a phone call 전화하다 | make a bed 잠자리를 정리하다 | make a list 목록을 만들다 | make a noise 떠들다 | make money 돈 벌다 | make use of ~를 이용하다 | make a deposit 예금하다 | make a decision 결심하다 | make sense 뜻이 통하다 | 말이 되다 | make a plan 계획을 세우다 | make a friend 친구를 사귀다 | make a sound 소리 내다 | make an effort 노력하다
>
> **have** have fun 재미있게 놀다 | have a good time 좋은 시간을 지내다 | have a nice day 좋은 하루를 보내다 | have an accident 사고를 당하다 | have breakfast 아침식사하다 | have a party 파티를 열다 | have a game 경기를 하다 | have a try 해보다 | have a bath 목욕하다 | have a rest 휴식하다
>
> **take** take a picture 사진을 찍다 | take a seat 자리에 앉다 | take a walk 산책하다 | take a rest 휴식하다 | take a shower 샤워하다 | take a trip 여행하다 | take a beeline 직행하다 | take a lesson 레슨을 받다 | take time 시간이 걸리다 | take an exam 시험을 보다 | take a nap 낮잠 자다 | take a break 휴식을 취하다 | take a pee 소변보다 | take turns 교대하다 | take a look 보다

당분간 좀 쉬고 싶다. **I want to** take a rest **for a while.**

우리 엄마가 집안일을 모두 하신다. **My mom** does all **the housework.**

나는 너무 자주 실수를 한다. **I** make mistakes **too often.**

나는 너무 피곤해서 낮잠을 잤다. **Because I was too tired, I** took a nap.

1   나는 엄마 대신에 설거지를 자주 한다. (instead of ~ 대신에)

I often _____ .

2   우리는 소풍에서 재미있었다. (picnic 소풍)

We had _____ .

3   나는 일요일에 가끔 빨래를 한다.

I sometimes _____ .

4   나는 의사에게 진찰을 받기 위해 시간을 정했다.

I made _____ .

5   그는 나에게 전화를 하지 않았다.

He didn't _____ .

6   나는 쇼핑할 리스트를 만들었다.

_____ .

7   나는 오늘 아침 잠자리를 정리하지 않았다.

_____ .

8   가끔 내 동생은 시끄럽게 군다.

_____ .

9   나는 계획된 대로 일이 잘 되기를 바랄 뿐이다. (as planned 계획된 대로)

_____ .

10 그의 의견은 이치에 맞지 않았다.

_____ .

 명사와 함께 하는 동사구를 이용하여 일기를 써보세요.

Chapter 12

098 책을 빌려주었다. 혼동하기 쉬운 단어들

☑ **나의 영작실력은?**

❶ 우리는 전세버스로 거기에 갔다. → _____

❷ 그를 한 시간 동안 찾아서 결국에는 그를 찾았다.

   → _____

영어일기가 쉬워지는 영작패턴

259 다음은 혼동하기 쉬운 말들입니다.

> borrow 빌려오다 – lend 빌려주다 – rent 요금을 지불하고 빌리다 – charter 교통수단을 전세
> 내다

> see 시야에 들어오는 것을 보다 – watch 지켜보다 – look 주의 깊게 보다 – stare 응시하다 –
> glance 힐끗 보다 – observe 관찰하며 보다

> hear 들리는 것을 듣다 – hear from ~로부터 소식을 듣다 – listen to 귀 기울여 듣다

> smile 미소 지으며 웃다 – grin 씩 웃다 – laugh 소리 내어 웃다 – chuckle 킥킥 웃다 –
> giggle 낄낄 웃다

> speak 내용 전달을 위해 말하다 – talk 사적인 대화를 나누다 – say 이야기하다 – tell 말하여 알려
> 주다

> take 가지고 가다 – bring 가지고 오다 – fetch 가서 가지고 오다

> look for ~를 찾다 – find 찾아서 발견하다

> comfortable 기분이 좋은, 마음이 편안한 – convenient 시설이 편리한, 사용하기 좋은

> considerate 사려 깊은 – considerable 상당한

> childlike 천진난만한 – childish 유치한

> industrial 산업의 – industrious 근면한

> successful 성공적인 – successive 연속적인

> sensitive 예민한 – sensible 분별력 있는

> fare 차비 같은 탈것에 대한 요금 – fee 전문적인 서비스에 대한 요금 – toll 도로 등의 시설을 이용
> 하고 내는 요금 – rate 단위당 내는 요금 – charge 서비스나 노동에 대한 요금 – cost 어떤 일
> 을 할 때나 유지할 때 또는 물건을 살 때 드는 비용 – price 사고 팔 때의 거래 금액 – fine 벌금 –
> expense 지출비용 – wages 임금 – salary 봉급

> client 소송의뢰인, 단골 – guest 초대받은 손님 – customer 가게의 고객, 단골 – host 파티나
> 행사의 주최자 – passenger 교통수단의 손님

> cook 요리사 – cooker 요리기구

1 나는 그가 분별력이 있다고 생각한다.

I think he is _____.

2 나의 피부는 민감하다.

My _____.

3 그는 매우 근면한 일꾼이다. (worker 일꾼)

He is _____.

4 나는 한국에서 최고의 요리사가 되고 싶다. (the best 최고의)

I want _____.

5 그 연극의 입장료는 5만 원이었다.

_____ for the play _____.

6 나는 부모님께 내 미래의 계획에 대해 말씀드렸다.

_____ about my future plan.

7 그는 나를 보자 씩 웃었다. (upon -ing ~하자)

_____.

8 신용카드를 사용하는 것은 참 편리하다.

It's really _____.

9 그는 나를 흘긋 쳐다보았다.

_____.

10 파리까지의 비행기 요금이 매우 비쌌다. (air fare 비행기 요금)

_____.

Chapter 12

 혼동하기 쉬운 단어들을 넣어 일기를 써보세요.

099 애프터서비스를 받았다. 콩글리시

☑ 나의 영작실력은?

❶ 나는 애프터서비스를 받기 위해 서비스센터에 전화를 했다.

→ _____

❷ 그 선수의 백넘버는 11번이었다. → _____

영어일기가 쉬워지는 영작패턴

260 잘못 쓰이는 콩글리시의 올바른 영어 표현은 다음과 같습니다.

House & Life

apart → apartment | villa → tenement | vinyl house → greenhouse | aircon → air-conditioner | video → VCR(Video Cassette Recorder) | cassette → cassette player | audio → sound system | flash → flashlight | pinch → pliers | driver → screwdriver | gas-range → stove or oven | mixer → blender | stand → desk lamp | consent → outlet | missing → sewing machine | inter phone → intercom | after service → after-sales service | A/S center → repair shop | baby car → stroller | morning call → wake-up call | arbeit → part-time job | hand phone → cellular phone, mobile phone | beach parasol → beach umbrella | meeting → blind date | cunning → cheating | health club → fitness center

Entertainment

talent → actor, entertainer | home drama → soap opera | gag man → comedian | mass com → mass media | talk show MC → talk show host(남)/hostess(여) | CF model → commercial actor | classic music → classical music | record → album | group sound → musical band | amp → amplifier | back dancer → background dancer | music box → juke box

Food & Drinks

snack corner → snack bar | egg-fry → fried-egg | omelet rice → rice omelet | curry rice → curry and rice | coffee prim → cream | potato → french fries | ice coffee → iced coffee | ice candy → popsicle | castella → sponge cake

Stationary

pocket book → memorandum book | ball-pen → ball-point pen | magic → marker | sharp pencil → mechanical pencil | note → notebook | crepas → crayon | hotchkiss → stapler | bond → adhesive | white → whiteout

Shopping

vinyl bag → plastic bag | eye shopping → window shopping | D. C. → discount | maker → brand-name |

Clothes & Shoes

combi → jacket | running shirt → undershirt | no sleeve → sleeveless | T → T-shirt | gorden → corduroy | muffler → scarf | walker → hiking boots | panty stocking → pantyhose | Y-shirt → dress shirt | panty → underwear | pola shirt → turtleneck | burberry coat → trench coat | training → sweat suit

1 나는 콘센트에 그 플러그를 꽂았다. (plug it into ~에 플러그를 꽂다)

I plugged _____.

2 우리는 오디오를 샀다.

We bought _____.

3 나는 조카의 유모차를 밀어주었다. (wheel 수레 등을 밀다)

I wheeled _____.

4 이번 주말에 나는 미팅이 있다.

_____ this weekend.

5 나는 일주일에 두 번 헬스클럽에 간다.

_____.

6 나는 클래식음악보다 대중음악을 더 좋아한다.

_____.

7 나는 샤프를 사용하지 않는다.

_____.

8 우리 엄마는 연속극 보는 것을 매우 좋아하신다.

_____.

9 시험 볼 때 나는 커닝을 하고 싶었다.

_____.

10 나는 친구들과 아이쇼핑을 갔다.

_____.

 본인이 자주 쓰던 콩글리시를 제대로 된 영어로 바꾸어 일기를 써보세요.

100 화난 것이 아니라 피곤했다. 구두점·대문자

☑ 나의 영작실력은?

❶ 우리 엄마, 아빠는 사이가 좋으시다. → _____

❷ 나는 굽 높은 신발을 좋아하지 않는다. → _____

영어일기가 쉬워지는 영작패턴

261 구두점의 사용

, comma

- 두 개 이상의 것을 나열할 때 : I met Mary, Tom and Jennifer on my way to school.
- 접속사로 문장을 구분할 때 : He sold his tractor, and his fields went unplowed.
- 접속사로 연결된 문장이 주절 앞에 올 때 : When we had finished eating, the cigarets were passed around.
- 접속부사(However, Moreover, Therefore, In addition, Also, etc.) 뒤에 : However, I had to do it.
- 동격, 호격을 나타낼 때 : Mr. Smith, our teacher, has been hurt.
- 대조되는 사항 구분할 때 : I am tired, not angry.
- 인용된 내용을 나타낼 때 : He said, "You are definitely right."

. Period

- 문장의 마지막에 : I am a boy.   ■ 줄임말 뒤에 : Mr. Kim, Feb., Tues., U. S. A.

: Colon

- 나열할 때 : We have three things: food, water and medicine.

; Semicolon

- 부가설명할 때 : I was tired; besides I had a headache.

- hyphen

- 주로 복합어에 : a self-made man

262 대문자의 사용

- 문장의 첫 글자나 인용의 첫 글자 : I can't wait to see it. / He said, "You are right."
- 나라 이름, 언어, 고유명사의 첫 글자 : Mexico, Greek, Hyeokjin, Tom
- 요일, 월, 공휴일 앞에 : The favorite vacation months are July and August.
  Next Sunday is Mother's day.
- 책, 잡지, 연극 제목 등 : The Times, Romeo and Juliet

1 우리 가족은 대가족이 아니다.

My family is not _____.

2 우리 가족은 엄마, 아빠, 동생 그리고 나이다.

My family members are _____.

3 나는 대전에서 태어났다.

I was _____.

4 우리 사촌은 미국에서 태어났다.

My cousin _____.

5 그는 지난 5월에 한국에 왔다.

He _____.

6 그가 '만나서 반갑다.'라고 말했다.

He said, "_____."

7 그는 영어로 말하지 않으려고 노력했다.

He tried not _____.

8 나는 어릴 때 책 읽는 것을 좋아했다.

_____.

9 우리는 부유하지는 않지만 행복하다.

_____.

10 우리는 '더 타임스'를 구독한다. (subscribe to ~을 구독하다)

_____.

 구두점에 유의하면서 자유롭게 일기를 써보세요.

모범일기 12

Soccer game

Fair, Friday, 15 June

We had a soccer game with another school team. I made phones to my friends in order to ask them to go and cheer us up. I was anxious to win the game. Many friends came and they rooted for us by making funny sounds. We did our best not to make mistakes. We made an desperate effort to defeat the opposite team. Finally, we won, so we had a party. We had a great time by celebrating our victory. After finishing the party, I took a short shower and took a rest. Today I had a wonderful day.

축구 시합

우리는 오늘 다른 학교 팀과 축구 시합을 했다. 나는 내 친구들에게 응원하러 오라고 부탁하기 위해 전화를 했다. 나는 그 경기에서 이기기를 몹시 바랐다. 많은 친구들이 와서 재미있는 소리를 내며 우리를 응원했다. 우리는 실수하지 않으려고 최선을 다했다. 상대방 팀을 이기려고 필사적인 노력을 했다. 마침내 우리가 이겼다. 그래서 파티를 열었다. 우리는 승리를 축하하며 즐거운 시간을 보냈다. 파티가 끝난 후에, 나는 간단한 샤워를 하고 휴식을 취했다. 정말 즐거운 하루였다.

have a game 경기가 있다 | **make phones** 전화를 걸다 | **in order to** ~하기 위하여 | **cheer up** 격려하다 | **be anxious to** ~를 몹시 바라다 | **root for** ~를 응원하다 | **by -ing** ~함으로써 | **make sounds** 소리를 내다 | **make mistakes** 실수하다 | **desperate** 필사적인 | **defeat** 패배시키다 | **celebrate** 축하하다 | **victory** 승리 | **take a rest** 휴식을 취하다

Workbook

1　나는 영어뿐만 아니라 중국어도 말할 수 있다. (as well as ~뿐 아니라)

_____ .

2　나는 접영으로 수영을 할 수 있다. (butterfly stroke 접영)

_____ .

3　그의 프로포즈를 거절할 수 없었다. (proposal 프로포즈)

_____ .

4　그의 전화를 받을 수 없었다.

_____ .

5　나는 그를 전혀 이해 할 수 없었다. (not ~at all 전혀 ~않다)

_____ .

6　나는 더 이상 그를 믿고 의지할 수 없었다. (rely 믿고 의지하다)

_____ .

7　우니는 그 모임을 연기 할 수 없었다. (put off 연기하다)

_____ .

8　나는 그 상자를 들어 올릴 수 없었다. (lift 들어 올리다)

_____ .

9　너의 휴대폰 좀 써도 되니?

_____ .

10　너는 지금 집에 가도 돼.

_____ .

1   나는 즉시 집으로 전화를 해야 했다. (at once 즉시)

      _____.

2   아픈 동생을 돌봐야 했다. (take care of ~를 돌보다)

      _____.

3   내가 그 상황을 자세히 설명해야 했다. (in detail 자세히)

      _____.

4   우리는 그의 제안에 대해 다시 생각해 보야 할 것이다. (suggestion 제안)

      _____.

5   우리는 부모님께 거짓말을 하면 안 된다. (tell a lie 거짓말 하다)

      _____.

6   운전 전에는 술을 마시지 말아야 한다.

      _____.

7   비상시에 서두르면 안 된다. (emergency 비상)

      _____.

8   우리는 정기적으로 치과에 다닐 필요가 있다. (regularly 정기적으로)

      _____.

9   오늘은 일하러갈 필요가 없었다.

      _____.

10   우리는 슬리퍼를 신을 필요가 없었다. (mules 슬리퍼)

      _____.

1 그는 아마 집에 있을 것이다.

_____.

2 그가 지름길로 갔음에 틀림없다. (shortcut 지름길)

_____.

3 그가 나에게 그의 노트북을 빌려줄 리가 없다. (lap-top computer 노트북)

_____.

4 그 수업료가 그렇게 저렴할 리가 없다. (inexpensive 저렴한)

_____.

5 그가 그렇게 말하는 것을 보니 관대한 사람임이 틀림없다. (generous 관대한)

_____.

6 그것은 틀림없이 이상하게 들렸을 것이다. (sound ~하게 들리다)

_____.

7 그는 틀림없이 깨어 있었을 것이다. (awake 깨어있는)

_____.

8 그는 아마 어제 떠났을지도 모른다.

_____.

9 그는 그때 한국에 없었을지도 모른다. (then 그때)

_____.

10 그가 휴대폰을 꺼놨을 리가 없다. (turn off 끄다)

_____.

1 나는 샤워커튼을 쳤어야 했다. (draw 커튼을 치다)

_____.

2 나는 찬물로 샤워를 하지 말아야 했다.

_____.

3 나는 교통규칙을 지켰어야 했다. (traffic law 교통규칙)

_____.

4 나는 한 시간 전에 여기에 있었어야 했다.

_____.

5 나는 그런 것을 묻지 말았어야 했다. (such 그런)

_____.

6 나는 그들의 대화를 듣지 말았어야 했다. (conversation 대화)

_____.

7 나는 그렇게 큰 차를 사지 말았어야 했다.

_____.

8 나는 그 공포 영화를 보지 말았어야 했다. (horror 공포)

_____.

9 나는 우산을 가지고 갈 필요가 없었다. (umbrella 우산)

_____.

10 나는 그 건물로 가는 방향을 물어봤어야 했다. (direction 방향)

_____.

1 나는 그와 종종 다투곤 한다. (quarrel 다투다)

_____.

2 그는 자주 나를 지적하고 한다. (point out 지적하다)

_____.

3 그는 뒤에서 자주 내 이야기를 한다.

_____.

4 그는 가끔 내 감정을 상하게 한다. (hurt 상하게 하다)

_____.

5 그는 나에게 가끔 퉁명스럽게 대하곤 한다. (unkind 불친절한)

_____.

6 예전에는 노래방에 자주 가곤 했다. (karaoke 노래방)

_____.

7 그는 나에게 내가 좋아하는 이야기를 읽어주곤 했다. (favorite 좋아하는)

_____.

8 나는 몇 시간씩 클래식 음악을 듣곤 했다. (classical music 클래식 음악)

_____.

9 내가 더 어릴 때는 건강했었다.

_____.

10 나는 설거지를 하다 컵을 떨어뜨리곤 했다. (drop 떨어뜨리다)

_____.

1 우리는 호텔을 미리 예약 하는 게 좋겠다. (in advance 미리)

_____.

2 우리는 찬물을 좀 마시는 게 좋겠다.

_____.

3 너는 지금 당장 병원에 가는 게 좋겠다. (go to see a doctor 병원에 가다)

_____.

4 우리는 안전규칙을 지키는 것이 좋겠다. (obey 준수하다)

_____.

5 너는 그 직장에 지원해 보는 게 좋겠다. (apply 지원하다)

_____.

6 우리는 차라리 그 모임을 취소하는 게 낫겠다. (call off 취소하다)

_____.

7 차라리 대중가요를 듣는 게 낫겠다. (public song 대중가요)

_____.

8 우리는 시간의 흐름을 놓치지 않는 게 좋겠다. (lose track of ~의 흐름을 놓치다)

_____.

9 우리는 친구들을 멸시하는 않는 게 좋겠다. (look down on ~를 멸시하다)

_____.

10 나는 차라리 점심을 가지고 가는 게 좋겠다.

_____.

1 굴복하느니 차라리 죽는 게 낫겠다. (give in 굴복하다)

_____.

2 그것을 피하느니 차라리 거부하는 게 낫겠다. (refuse 거부하다)

_____.

3 TV를 보느니 차라리 만화책을 읽는 게 낫겠다. (comic books 만화책)

_____.

4 그의 험담을 하느니 차라리 무시하는 게 낫겠다. (ignore 무시하다. speak ill of 험담하다)

_____.

5 잡지를 보느니 TV를 보는 게 낫겠다. (magazine 잡지)

_____.

6 그의 요리를 먹느니 차라리 식사를 건너뛰는 게 낫겠다. (skip 건너뛰다)

_____.

7 그 파티에 가느니 차라리 집에 가는 게 낫겠다.

_____.

8 그는 소리를 지르기보다는 차라리 울었다. (shout 소리 지르다)

_____.

9 나는 의사보다는 차라리 연구원이 되고 싶다. (researcher 연구원)

_____.

10 나는 우유보다는 차라리 물을 마시겠다.

_____.

1 나는 은행계좌를 만들려고 은행에 갔다. (account 계좌)

　　_____.

2 나는 일기예보를 들으려고 TV를 켰다. (weather forecast 일기예보)

　　_____.

3 나는 제일 먼저 줄을 서려고 뛰었다. (in line 줄서서)

　　_____.

4 나는 그를 따라잡으려고 빨리 걸었다. (catch up with ~를 따라잡다)

　　_____.

5 우리는 그들을 들어오지 못하게 문을 잠갔다. (lock 잠그다. stop from ~하지 못하게 하다)

　　_____.

6 나는 눈을 좀 쉬게 하려고 선글라스를 쓰고 있었다. (give ~ a rest 쉬게 하다)

　　_____.

7 그는 건강을 유지하기 위해 매일 달린다. (stay healthy 건강을 유지하다)

　　_____.

8 나는 관광을 목적으로 미국에 갔다. (sightseeing 관광)

　　_____.

9 나는 지갑이 제자리에 있나 확인하려고 주머니를 만졌다. (make sure 확인하다. in place 제자리에)

　　_____.

10 나는 이야기를 잘 들으려고 앞자리에 앉았다. (front 앞)

　　_____.

45 늦지 않으려고 서둘렀다. (~하지 않으려고)

1 나는 감기에 걸리지 않으려고 조심했다. (catch a cold 감기에 걸리다)

_____.

2 나는 그의 전화를 받지 않으려고 애썼다. (try 애쓰다)

_____.

3 나는 늦잠을 자지 않으려고 알람을 7시에 맞추어 놓았다. (set 맞추어 놓다)

_____.

4 나는 면접에 늦지 않으려고 일찍 집을 나섰다. (interview 면접)

_____.

5 나는 긴장하지 않으려고 노래를 불렀다. (nervous 긴장한)

_____.

6 우리는 시끄럽게 하지 않으려고 입을 다물고 있었다. (keep silent 입을 다물고 있다)

_____.

7 나는 그 비밀을 말하지 않으려고 거짓말을 했다. (reveal 폭로하다)

_____.

8 다시는 오토바이를 타지 않겠다고 결심했다. (motorcycle 오토바이)

_____.

9 나는 피곤할 땐 운전을 하지 않으려고 한다.

_____.

10 시험에 떨어지지 않으려고 최선을 다했다. (fail 낙방하다)

_____.

1 나는 그에게 할 말이 많았다.

_____.

2 나는 살 물건들이 몇 개 있었다.

_____.

3 나는 원어민과 말을 할 기회가 없었다. (native speaker 원어민)

_____.

4 나는 비행기에서 읽을 잡지책을 하나 샀다. (magazine 잡지)

_____.

5 나를 도와줄 사람이 없는 것 같았다. (seem ~인 것 같다)

_____.

6 나는 그에게 마음 써 줄 시간이 없었다. (care about 마음을 쓰다)

_____.

7 그들을 자주 방문하겠다는 약속을 했다. (visit 방문하다)

_____.

8 나는 이야기를 나눌 누군가가 필요했다. (talk to ~와 이야기를 나누다)

_____.

9 나는 돌보아야 할 아이가 하나 있다. (look after 돌보다)

_____.

10 내가 돌볼 애완동물이 세 마리 있다. (take care of 돌보다)

_____.

1 나는 새 컴퓨터를 사게 되어 기뻤다.

_____.

2 나는 그와 함께 여행을 가게 되어 행복했다. (go on a tour 여행가다)

_____.

3 나는 그의 소식을 듣게 되어 기뻤다. (hear from 소식을 듣다)

_____.

4 나는 그와 헤어져서 슬펐다. (break up 헤어지다)

_____.

5 나는 그 이상한 편지를 받고 당황했다. (embarrassed 당황한)

_____.

6 그녀가 그렇게 흐느끼는 것을 보고 무척 놀랐다. (sob 흐느끼다)

_____.

7 내가 그녀를 도울 수 있어서 행복했다.

_____.

8 그가 그렇게 소리치는 것을 보고 당황했다. (like that 그렇게)

_____.

9 그가 그렇게 어려운 문제를 해결하다니 대단하다.

_____.

10 그가 나에게 그리 자주 전화하는 것을 보니 나에게 관심이 있는 것이 틀림없다.

_____.

48 어찌해야 할지 몰랐다. (의문사+to 부정사)

1 어떻게 그를 격려해야 할지 몰랐다. (encourage 격려하다)

______________________________.

2 어떤 신발을 사야 할지 아직 결정하지 못했다. (decide 결정하다)

______________________________.

3 내일 어디로 가야할지 선택하지 못했다. (choose 선택하다)

______________________________.

4 그에게 언제 말을 걸어야 할지 몰랐다.

______________________________.

5 나는 그 음식 요리하는 방법을 배우고 싶었다.

______________________________.

6 누가 거기에 가야 하는지 알고 싶다. (be awarded 상을 받다)

______________________________.

7 그는 무엇을 선택해야 하는지 나에게 말해 주었다.

______________________________.

8 나는 그것을 적절히 이용하는 방법을 안다. (properly 적절히)

______________________________.

9 우리는 그것을 다루는 방법을 알 필요가 있다. (deal with 다루다)

______________________________.

10 그녀가 나에게 세탁기 작동방법을 알려주었다. (operate 작동시키다)

______________________________.

1 드디어 그 지루한 책 읽는 것을 끝냈다. (boring 지루한)

_____.

2 나는 겨울이면 스키 타는 것을 즐겨한다.

_____.

3 나는 하루에 한 시간씩 영어 듣기를 연습 한다. (practice 연습하다)

_____.

4 나는 수영하는 연습이 좀 필요하다.

_____.

5 그는 꽃병 깬 것을 부인했다. (break 깨다)

_____.

6 나는 대중목욕탕에 가는 것을 좋아하지 않는다. (bathhouse 목욕탕)

_____.

7 나는 어릴 때 소꿉놀이 하는 것을 좋아했다. (play house 소꿉놀이하다)

_____.

8 그들이 또 다른 곳으로 이동하기 시작했다. (move 이동하다)

_____.

9 그들은 계속 서로 말다툼을 했다. (argue 말다툼하다, each other 서로)

_____.

10 그들의 사랑이 식기 시작한 것 같았다. (cool down 식다)

_____.

1 나는 병원에 가지 않을 수 없었다.

_____.

2 나는 그에게 돈을 빌려주지 않을 수 없었다. (lend 빌려주다)

_____.

3 나는 그의 체중을 걱정하지 않을 수 없었다. (worry about 걱정하다)

_____.

4 우리는 아무리 부지런해도 지나치지 않는다. (diligent 부지런한)

_____.

5 그에게 전화해 봐야 소용없었다.

_____.

6 미래에 무슨 일이 일어날지는 알 수 없다. (in the future 미래에)

_____.

7 나는 그의 친절을 거절 하지 않을 수 없었다. (reject 거절하다)

_____.

8 나는 그녀에게 용서를 구하지 않을 수 없었다. (ask ~ pardon 용서를 구하다)

_____.

9 나는 그녀를 용서하지 않을 수 없었다. (forgive 용서하다)

_____.

10 나는 나의 의견을 강조하지 않을 수 없었다. (emphasize 강조하다)

_____.

1 나는 내일 같은 장소에 가야 할 일을 기억할 것이다.

_____.

2 내가 그 약속을 지키는 것을 잊었다. (promise 약속)

_____.

3 나는 오늘 그녀에게 문자 메시지 보내야 할 일을 잊었다. (text message 문자 메시지)

_____.

4 그를 어제 방문했던 것을 기억하지 못했다. (visit 방문하다)

_____.

5 나는 방청소를 매일 하겠다고 약속한 것을 후회했다.

_____.

6 일을 그만두어야 하는 일이 유감이다. (quit 그만두다)

_____.

7 나는 무분별하게 쇼핑하는 것을 그만 둘 필요가 있다. (thoughtlessly 무분별하게)

_____.

8 나는 건방져 보이지 않으려고 애쓴다. (haughty 건방진)

_____.

9 그 음식을 미리 맛보았다. (in advance 미리)

_____.

10 그녀는 계속해서 흐느껴 울었다. (sob 흐느껴 울다)

_____.

1　그는 야망이 정말 크다. (ambitious 야망이 있는)

_____.

2　그는 그의 모든 일에 책임감이 강하다. (responsible 책임감이 있는)

_____.

3　나는 믿을 수 있는 사람을 만나고 싶다. (reliable 믿을 수 있는)

_____.

4　나는 그가 예의가 바르고 솔직해서 그를 좋아한다. (polite 예의바른)

_____.

5　그는 사교적이고 다른 사람들과 잘 지낸다. (go along with ~와 잘 지내다)

_____.

6　그는 언제나 자신감이 넘친다. (confident 자신감이 있는)

_____.

7　그녀는 수줍음을 많이 타서 종종 아무 말 않고 있다. (keep silent 아무 말 않고 있다)

_____.

8　나는 신중할 뿐 아니라 긍정적이고 싶다. (considerate 신중한)

_____.

9　그녀는 분별력이 있고 발랄해서 인기가 좋다.

_____.

10　나는 거만하고 비열한 사람들은 싫다.

_____.

1 어떤 잘 생긴 남자가 나에게 말을 걸었다. (talk to ~에게 말을 걸다)

_____.

2 그는 수수하고 착해 보였다. (plain 수수한)

_____.

3 나는 외모에 별 관심이 없다. (appearance 외모, indifferent 무관심한)

_____.

4 나는 과체중인 것 같지는 않다. (overweight 과체중의)

_____.

5 나는 우리 엄마처럼 오동통하면 좋겠다. (chubby 오동통한)

_____.

6 나는 멋있게 보이려고 정장을 입었다. (suit 정장)

_____.

7 그 옷을 입으면 나는 좀 어려 보이는 것 같다. (appear ~해 보이다)

_____.

8 나는 패션 감각이 있는 사람으로 보이고 싶다. (stylish 패션 감각이 있는)

_____.

9 나는 내 나이에 비해 좀 어려 보인다. (for one's age ~의 나이에 비해)

_____.

10 그의 외모는 참 특이하다. (unique 특이한)

_____.

1   그는 마음이 넓은 사람이다.

   _____.

2   그는 의지가 강한 사람이다.

   _____.

3   그는 성격이 좋은 사람이다.

   _____.

4   그는 재치가 있는 사람이다.

   _____.

5   그는 눈이 총명하다.

   _____.

6   그는 너무 속이 좁아서 나는 그를 좋아하지 않는다.

   _____.

7   나는 몸에 꽉 끼는 옷은 입지 않는다.

   _____.

8   그는 언제나 촌스런 옷을 입고 다닌다.

   _____.

9   나는 발가락이 보이는 슬리퍼를 샀다.

   _____.

10   그 어깨 넓은 남자가 우리 오빠이다.

   _____.

1 그는 책들이 참 많다.

   _____.

2 나는 인터넷에서 많은 정보를 얻는다. (information 정보)

   _____.

3 많은 사람들이 그를 존경한다. (look up to ~를 존경하다)

   _____.

4 나는 많은 양의 물이 필요했다.

   _____.

5 그 영화는 웃기는 장면들이 많았다.

   _____.

6 우리가 영어를 마스터하기 위해서는 많은 시간과 노력이 필요하다.

   _____.

7 나는 많은 영어 속담을 알고 있다. (proverb 속담)

   _____.

8 나는 많은 취미가 있다.

   _____.

9 나는 많은 사람들 앞에서 노래하는 것을 좋아한다.

   _____.

10 내가 그것을 만드는 동안 많은 인내심이 필요했다. (patience 인내심)

   _____.

1 며칠 동안 그를 기다렸다.

_____.

2 생활용품을 몇 가지 샀다. (household supply 생활용품)

_____.

3 몇 가지 수공예품을 샀다. (handcrafted 수공예의)

_____.

4 며칠 쉬기를 원했다. (take ~ off 쉬다)

_____.

5 요리하는 동안에 참기름이 좀 필요했다. (sesame oil 참기름)

_____.

6 그에게 돈을 좀 빌렸다. (borrow 빌리다)

_____.

7 매달 조금씩 돈을 저축한다. (save 저축하다)

_____.

8 내가 약간 부주의했다고 생각한다. (careless 부주의한)

_____.

9 요즈음 나는 여가 시간이 거의 없다. (leisure 여가)

_____.

10 오늘은 식욕이 거의 없었다. (appetite 식욕)

_____.

1 그 동물원에는 꽤 많은 동물들이 있다.

_____.

2 누군가 아이들에게 꽤 많은 풍선을 나누어 주고 있었다. (give out 나누어 주다)

_____.

3 그 사람 주변에 꽤 많은 사람들이 모여 있었다. (get together 모이다)

_____.

4 그 차를 사려면 꽤 많은 돈이 필요하다.

_____.

5 그 음식을 요리할 때 상당한 양의 버터를 사용하였다. (amount 양)

_____.

6 그는 나에게 프로포즈할 만큼 충분히 용기 있었다. (propose 프로포즈하다)

_____.

7 그는 그 일을 해낼 수 있을 만큼 충분히 재능이 있었다. (talented 재능이 있는)

_____.

8 나는 긴장을 풀만큼 충분한 시간이 없었다. (relax 긴장을 풀다)

_____.

9 그는 우리를 웃게 할 만큼 재미있었다. (funny 재미있는)

_____.

10 나는 학원에 다닐 시간이 충분하지 않았다. (academy 학원)

_____.

58 어떤 사람이 날 쳐다보았다. (뜻이 달라지는 형용사)

1   늦은 아침식사를 했다.
_____.

2   나는 작고하신 우리 할머니가 보고 싶다. (miss 보고 싶다)
_____.

3   나는 오늘 모임에 참석했다.
_____.

4   그것이 나의 현재의 전화번호이다.
_____.

5   어떤 남자가 나를 계속 쳐다보았다. (stare 응시하다)
_____.

6   그가 내 마음을 훔쳐간 것은 확실한 일이다. (steal 훔치다)
_____.

7   요약컨대, 그는 나를 사랑할 운명이었다. (be destined to ~할 운명이다)
_____.

8   나는 확실히 그것을 말할 수 없었다.
_____.

9   머지않아 그의 부모님을 찾아 뵐 것이다.
_____.

10   일반적으로, 규칙적으로 운동을 하는 사람들이 더 오래 산다.
_____.

1 그 아기는 잠 들어 있었다.

   _____.

2 잠자고 있는 그 아기는 나의 사촌이다. (cousin 사촌)

   _____.

3 그 강아지는 살아 있었다. (puppy 강아지)

   _____.

4 넘어지고 나서 나는 너무 창피했다. (fall down 넘어지다)

   _____.

5 어떤 대가도 치를 가치가 있었다. (price 대가)

   _____.

6 나는 그것을 살 수가 없었다. (unable ~할 수 없는)

   _____.

7 전직 교장선생님께서 우리 학교를 방문하셨다.

   _____.

8 그것이 나의 유일한 결점이었다. (fault 결점)

   _____.

9 나는 손위의 언니가 둘이다.

   _____.

10 내가 좋아하는 것이 바로 그 스타일이다. (what ~하는 것)

   _____.

1   너무 더워서 에어콘을 켰다. (air conditioner 에어콘)
    _____ .

2   그는 너무 놀라서 얼굴이 창백해졌다. (pale 창백한)
    _____ .

3   눈이 너무 많이 내려서 밖으로 나갈 수가 없었다.
    _____ .

4   그 영화가 너무 지루해서 잠이 들었다. (fall asleep 잠들다)
    _____ .

5   나는 너무 건망증이 심해서 자주 물건을 잃어버린다.
    _____ .

6   그는 너무 인색해서 우리를 도와주지 않는다. (stingy 인색한)
    _____ .

7   나는 너무 피곤해서 그 행사에 참여 할 수가 없었다. (take part in ~에 참여하다)
    _____ .

8   나는 너무 어지러워서 서 있을 수가 없었다. (stand straight 똑바로 서다)
    _____ .

9   너무 화가 나서 나는 잘 수가 없었다.
    _____ .

10 그는 너무 유명해서 자유로이 행동할 수가 없었다. (well known 유명한)
    _____ .

61 코를 심하게 곤다. (부사)

1 그는 매우 친절하게 그것을 설명했다. (explain 설명하다)

_____.

2 우리는 매우 천천히 걸었다.

_____.

3 그는 언제나 용감하게 행동한다.

_____.

4 운동은 적절히 해야 한다. (moderately 적절히)

_____.

5 우리는 철저하게 그것을 조사했다. (look into ~를 조사하다, thoroughly 철저하게)

_____.

6 나는 신중하게 그의 의견에 대해서 생각해 보았다. (prudently 신중하게)

_____.

7 그의 이론을 완전히 이해했다. (theory 이론)

_____.

8 곧 좋은 생각이 떠올랐다. (have an idea 생각이 떠오르다)

_____.

9 나중에 그 일을 다시 시도해보기로 결심했다.

_____.

10 우리는 안전하게 그곳에 도착했다.

_____.

182

1 나는 항상 방을 깨끗이 한다. (keep ~ clean 깨끗이 유지하다)

_____ .

2 나는 보통 저녁에 신문을 읽는다.

_____ .

3 나는 절대 정치가에 관한 기사들은 읽지 않는다. (politician 정치)

_____ .

4 나는 자주 인터넷에서 노래를 다운받는다. (download 다운받다)

_____ .

5 그는 좀처럼 나를 쳐다보지 않는다.

_____ .

6 사랑에 빠져 있는 것은 때로 고통스럽기도 하다. (suffering 고통스러운)

_____ .

7 그는 자주 그의 자동차를 점검한다. (check 점검하다)

_____ .

8 나는 가끔 정신적 스트레스를 겪는다. (suffer from 겪다)

_____ .

9 우리는 종종 군중 속에서도 외로움을 느낀다. (in a crowd 군중 속에서)

_____ .

10 나는 살아 있는 생물은 절대 죽이지 않는다. (creature 생물)

_____ .

1 우리 가족은 서로 거의 의사소통하지 않는다. (communicate with ~와 의사소통하다)

_____.

2 나는 거의 그에게 주의를 기울이지 않는다. (pay attention to 주의를 기울이다)

_____.

3 우리는 좀처럼 함께 모이지 않는다. (get together 함께 모이다)

_____.

4 우리는 박물관에는 좀처럼 가지 않는다. (museum 박물관)

_____.

5 그것은 모두 나의 책임만은 아니라고 생각한다. (responsibility 책임)

_____.

6 모든 사람들이 다 그를 존경하는 것은 아니다. (respect 존경하다)

_____.

7 나는 그들 둘을 다 믿는 것은 아니다. (trust 믿다)

_____.

8 돈이 우리에게 항상 행복을 주는 것은 아니다. (happiness 행복)

_____.

9 가난한 사람들이 다 불행한 것은 아니다. (the rich 가난한 사람들)

_____.

10 그가 항상 냉소적이지만은 않다. (cynical 냉소적인)

_____.

64 요즘 살이 찐다. (혼동하기 쉬운 부사)

1 그의 수상한 행동에 대해서 깊이 생각해 보았다. (weird 수상한)

_____.

2 이 책은 매우 정보가 많은 책이다. (informative 정보가 많은)

_____.

3 나는 거의 그를 따라잡았다. (catch up with 따라잡다)

_____.

4 우리는 그 사건을 면밀히 조사하였다. (look into 조사하다)

_____.

5 배꼽 주변이 심하게 아팠다. (navel 배꼽)

_____.

6 최근에 나는 몸무게를 줄이려고 노력하고 있다. (lose weight 몸무게를 줄이다)

_____.

7 나는 대개 일요일마다 쇼핑을 간다. (mostly 대개)

_____.

8 내 일이 거의 끝났다.

_____.

9 나는 이틀 전에 메일 박스를 확인했다. (check 확인하다)

_____.

10 그 때 이후로 메일 박스를 확인하지 않았다.

_____.

1 지난주에 냉장고가 고장 났다. (break down 고장 나다)

_____.

2 처음에는 그가 나를 꾸중했다. (scold 꾸중하다)

_____.

3 지금 당장 그것을 고치도록 해야 한다. (have ~ fixed 고치게 하다)

_____.

4 우리는 잠시 동안 그것을 사용할 수 없을 것이다.

_____.

5 나는 앞으로는 먼저 생각하고 말할 것이다. (from now on 앞으로는)

_____.

6 가끔 나는 익명의 이메일을 받는다. (anonymous 익명의)

_____.

7 그는 학교 가는 중에 차에 치였다. (run over 치다)

_____.

8 마침내 내가 그 중요한 일을 떠맡았다. (take over 떠맡다)

_____.

9 지금까지 나는 부모님을 속인 적이 없다. (deceive 속이다)

_____.

10 우리 가족은 격주로 조부모님을 방문한다.

_____.

1　내 동생은 나만큼 수다스럽다. (talkative 수다스런)

　　_____.

2　그는 나만큼 많은 외국동전을 수집했다. (collect 수집하다)

　　_____.

3　그녀는 우리 누나만큼 고집이 세다. (stubborn 고집이 센)

　　_____.

4　이 가방은 저것만큼 무겁지 않았다. (heavy 무거운)

　　_____.

5　그는 우리 엄마만큼 많이 나에게 신경을 써 준다. (care about 신경 쓰다)

　　_____.

6　우리가 기대했던 것 보다 오래 걸리지 않았다. (expect 기대하다)

　　_____.

7　나는 그녀만큼 까다롭지 않다. (picky 까다로운)

　　_____.

8　우리 엄마는 우리 아빠만큼 많이 번다.

　　_____.

9　그녀는 나만큼 세련되어 보이지 않아 보였다.

　　_____.

10　내가 원하는 만큼 오래 거기에 머물러 있을 수 없었다.

　　_____.

1 나는 무척 배고팠다.

    _____.

2 그녀는 매우 연약해 보였다.

    _____.

3 그녀는 매우 현명하다.

    _____.

4 그 아기는 새끼 양처럼 온순했다.

    _____.

5 그 자동차는 달팽이처럼 느렸다.

    _____.

6 그는 산토끼처럼 빨랐다.

    _____.

7 그 꼬마는 강아지처럼 쾌활했다.

    _____.

8 그는 참 냉정하다.

    _____.

9 그녀의 치아는 눈처럼 하얗다.

    _____.

10 그는 황소처럼 강하다

    _____.

1 나는 빨리 그 물건을 주문해야 한다.

_____.

2 나는 그가 가능한 일찍 나타나기를 바랐다. (show up 나타나다)

_____.

3 나는 가능한 한 자주 엄마 다리를 주물러 드리려고 한다. (massage 주무르다)

_____.

4 그의 이야기는 더할 나위 없이 지루했다.

_____.

5 그의 외모는 더할 나위 없이 훌륭하다. (appearance 외모)

_____.

6 나는 가능한 한 빨리 일을 시작하고 싶었다.

_____.

7 그는 우리가족이나 마찬가지이다.

_____.

8 그는 이기적이기보다는 부정적이다. (selfish 이기적인)

_____.

9 그는 작가라기보다는 프로듀서이다.

_____.

10 나는 스키뿐 아니라 스노보드도 잘 탄다. (be good at ~를 잘하다)

_____.

1 내 동생은 나보다 열 살 어리다.

_____.

2 그는 개그맨들보다 더 웃기다. (comedian 개그맨)

_____.

3 그는 나보다 더 학식이 많다. (learned 학식이 있는)

_____.

4 나는 고기보다 생선이 더 좋다. (fish 생선)

_____.

5 건강이 돈보다 더 중요하다.

_____.

6 침묵은 말보다 더 설득력이 있다. (eloquent 설득력 있는)

_____.

7 그는 사진보다 더 좋아 보인다.

_____.

8 그들은 평소 때 보다 더 일찍 도착했다. (than usual 평소 때 보다)

_____.

9 그녀는 우아하기보다는 예쁘다. (elegant 우아한)

_____.

10 나는 우리 엄마보다 더 요리를 잘 한다.

_____.

70 배울수록 더 겸손해져야 한다. (비교급2)

1 내가 그보다 훨씬 키가 크다

_____ .

2 그가 나보다 훨씬 더 건망증이 심하다. (forgetful 건망증이 심한)

_____ .

3 내가 기대했던 것 보다 훨씬 좋은 점수를 받았다. (grade 점수)

_____ .

4 많이 먹을수록, 더 뚱뚱해진다.

_____ .

5 우리는 많이 가질수록 더 많이 원한다.

_____ .

6 우리는 더 많이 공부할수록 더 많이 알게 된다.

_____ .

7 그가 나보다 훨씬 잘 생기고 지적이다. (intelligent 지적인)

_____ .

8 나는 음악보다 미술을 훨씬 더 좋아했었다.

_____ .

9 그녀의 성격이 나보다 훨씬 더 특이했다. (personality 성격)

_____ .

10 더 높이 올라갈수록 더 미끄러웠다.

_____ .

1 서울이 한국에서 가장 큰 도시이다.

_____.

2 나는 마을에서 좋은 식당을 찾아보았다. (look for 찾아보다)

_____.

3 그가 한국 축구팀에서 가장 훌륭한 선수이다.

_____.

4 나는 영어가 가장 어려운 과목이라고 생각한다. (subject 과목)

_____

5 오늘이 내 인생에서 가장 행복한 날이었다.

_____

6 가장 어려운 일은 그 경기를 이기는 것이었다. (win 이기다)

_____

7 난 그와 있을 때가 가장 편하다.

_____

8 그것이 내가 해 본 여행 중 가장 신나는 여행이었다. (exciting 신나는)

_____

9 나는 사랑을 가장 중요한 것이라고 생각한다.

_____

10 그는 지금까지 내가 만나본 사람 중 가장 성실한 사람이다. (sincere 성실한)

_____

1 오늘 나는 천원도 안 되는 돈을 썼다.

_____.

2 나는 50권도 더 되는 책을 인터넷으로 주문했다. (online 인터넷으로)

_____.

3 나는 최소한 세 개의 시계를 잃어버렸다.

_____.

4 그 가방의 값은 만 원 이하일 것이다.

_____.

5 적어도 3명의 승객은 부상을 입었다. (injure 부상을 입히다)

_____.

6 나는 더 이상 그를 미워하지 않을 것이다. (hate 미워하다)

_____.

7 그 빌딩은 높이가 100m이상이다.

_____.

8 대부분의 멤버들이 그 결과에 만족했다. (be satisfied with ~에 만족하다)

_____.

9 나는 대부분의 시간을 인터넷 서핑으로 보낸다.

_____.

10 나는 더 이상 그의 가식적인 행동을 참을 수가 없었다. (hypocritical 가식적인)

_____.

1 나는 종종 밤에 일한다.

_____.

2 우체국은 9시에 연다. (post office 우체국)

_____.

3 나는 밤새 영화를 봤다.

_____.

4 나는 회의 중에 꾸벅꾸벅 졸았다. (doze off 꾸벅꾸벅 졸다)

_____.

5 나는 자정이후까지 책을 읽었다.

_____.

6 나는 8월 1일부터 휴가다. (on leave 휴가 중)

_____.

7 그 축제는 일주일동안 계속되었다. (last 계속되다)

_____.

8 내가 파리에 있는 동안 여러 박물관을 방문했다. (museum 박물관)

_____.

9 내가 월요일에 미국으로 국제전화를 했다. (overseas call 국제전화)

_____.

10 2주일 이내로 보고서를 제출해야 한다. (submit 제출하다)

_____.

1 내 애완견은 탁자 밑에서 자는 것을 좋아한다.

_____.

2 나는 침대 위에 누워 있었다. (lie 눕다)

_____.

3 강아지가 문 뒤로 숨었다. (hide 숨다)

_____.

4 머리 위로 팔을 올렸다. (raise 올리다)

_____.

5 우리는 역 근처 식당으로 들어갔다. (station 역)

_____.

6 우리 사이에는 충분한 공간이 있었다. (room 공간)

_____.

7 누군가 우리 강아지에게 돌을 던졌다. (throw 던지다)

_____.

8 나는 그 건물 앞에 차를 주차했다. (park 주차하다)

_____.

9 무언가가 내 눈으로 들어갔다.

_____.

10 세탁기에서 빨래를 꺼냈다. (laundry 빨래)

_____.

1 나는 그 광경에 깜짝 놀랐다. (sight 광경)

_____.

2 그를 방해해서 매우 미안했다. (disturb 방해하다)

_____.

3 그는 그의 독특한 스타일로 유명하다. (unique 독특한)

_____.

4 그는 우울증을 겪고 있다. (depression 우울증)

_____.

5 나는 두통으로 누워 있었다. (be in bed 침대에 누워있다)

_____.

6 그에게 거짓말을 한 것에 대해 미안했다.

_____.

7 그 집은 통나무로 만들어졌다. (log 통나무)

_____.

8 타이어는 고무로 만들어진다. (rubber 고무)

_____.

9 치즈는 우유로 만들어진다. (cheese 치즈)

_____.

10 그 신은 짚으로 만들어진 것이다. (straw 짚)

_____.

1 나는 샤프펜슬로 썼다. (mechanical pencil 샤프펜슬)

_____.

2 나는 만년필로 그림을 그렸다. (fountain pen 만년필)

_____.

3 그것은 전기로 작동된다. (electricity 전기)

_____.

4 그 이메일은 영어로 쓰여 있었다.

_____.

5 망원경으로 별들을 보았다. (telescope 망원경)

_____.

6 그가 오토바이를 타고 왔다. (motorcycle 오토바이)

_____.

7 우리는 배로 일본을 갔다.

_____.

8 비행기로 일본에서 돌아왔다. (return 돌아오다)

_____.

9 나는 아르바이트를 해서 수업료를 번다. (수업료 tuition)

_____.

10 좋은 정보를 이용함으로써 보고서를 완성했다. (complete 완성하다)

_____.

1 놀랍게도, 그가 나에게 가방을 던졌다. (throw 던지다)

_____ .

2 실망스럽게도, 그는 나를 무시했다. (ignore 무시하다)

_____ .

3 놀랍게도, 그녀는 아픈 체 했다. (pretend to ~인 체하다)

_____ .

4 절망스럽게도, 그는 암으로 죽었다. (cancer 암)

_____ .

5 기쁘게도, 그는 나의 요구를 다 받아들였다. (request 요구)

_____

6 몹시 기쁘게도, 내가 그 대회에서 대상을 탔다. (grand prize 대상)

_____

7 놀랍게도, 그가 나를 좋아한다고 했다.

_____

8 이번 일요일에는 밖으로 나가지 않으려고 한다.

_____

9 내년에는 봉사활동을 많이 하려고 한다. (volunteer 봉사활동을 하다)

_____

10 오늘밤에 시내에서 야외음악회가 있다. (outdoor concert 야외음악회)

_____

1 내 생각에는, 그가 꾀병을 하는 것 같다. (fake illness 꾀병하다)

_____

2 내 견해로는, 돈은 지혜롭게 쓰는 것이 중요하다.

_____

3 내 의견으로는, 우리는 우리나라에 대해 자랑스럽게 생각해야 한다.

_____

4 내 의견으로는, 만일의 경우에 대비하여 저축을 하는 게 좋다. (rainy day 만일의 경우)

_____

5 솔직히 말해, 내가 고의로 그런 것은 아니었다. (intend to 고의로 ~하다)

_____

6 솔직히 말하자면, 그가 다른 사람들을 자주 괴롭힌다. (bully 괴롭히다)

_____

7 내가 보기에는, 그는 좀 거만하다. (arrogant 거만한)

_____

8 그에 대해 말하자면, 그는 그의 엄마에게 절대 불평을 하지 않는다.

_____

9 그녀에 대해 말하자면, 그녀는 그녀의 가족에게 희생적이다. (sacrifice oneself 희생하다)

_____

10 내가 보기에는, 그가 바가지를 쓴 것 같다. (get ripped off 바가지 쓰다)

_____

1 나는 창문을 열어 닫아 놓은 채 누워 있었다. (lie down 누워있다)

_____

2 TV를 켜 놓은 채로 책을 읽고 있었다.

_____

3 그는 입을 벌리고 자고 있었다.

_____

4 나는 머리를 아래로 한 채 서 있었다. (face 향하다)

_____

5 나는 다리를 비스듬히 한 채 앉아 있었다. (at an angle 비스듬히)

_____

6 그는 젖은 옷을 입은 채 되돌아왔다.

_____

7 나는 눈을 감은 채 잔디에 누워 있었다.

_____

8 나는 한 쪽 눈에 붕대를 한 채 출발했다. (bandage 붕대 감다)

_____

9 나는 스토브를 켜 놓은 채 외출했다. (stove 스토브)

_____

10 나는 팔짱을 낀 채 그 문제에 대해 생각하고 있었다. (matter 문제)

_____

1 그는 갑자기 일어나서는 방밖으로 뛰어 나갔다.

_____

2 내가 피아노를 치고, 그는 노래를 불렀다.

_____

3 약을 먹었지만, 별 효과가 없었다. (effective 효과 있는)

_____

4 그가 나에게 도움을 요청했지만 그를 도와 줄 수 없었다.

_____

5 나는 컴퓨터 연수를 받을 필요가 있어서 그 연수에 등록했다. (sign up for 등록하다)

_____

6 그가 보고 싶어서 빨리 오라고 했다. (miss 보고 싶다)

_____

7 그가 내 말을 가로막았다. 그래서 아무 말도 못하고 있어야 했다. (interrupt 가로막다)

_____

8 내 조카는 장난이 너무 심하다. 그래서 이모는 그것에 대해 걱정이 많으시다. (naughty 장난이 심한)

_____

9 나는 식중독에 걸렸다. 그래서 아파서 못 간다고 전화했다. (food poisoning 식중독)

_____

10 나는 영수증을 찾아야 한다. 그렇지 않으면 환불받지 못할 것이다. (receipt 영수증)

_____

1 나는 누군가를 만나면 그의 눈을 들여다본다.

_____

2 내가 없을 때 그가 왔다.

_____

3 호두를 꽉 깨물다가 이를 하나 부러트렸다. (walnut 호두, bite down 꽉 깨물다)

_____

4 집을 떠나기 전에 불을 껐다. (turn off 끄다)

_____

5 나는 전화 통화를 하다가 그것을 잊었다. (on the phone 전화로)

_____

6 손을 들기 전에 좀 망설였다. (hesitate 망설이다)

_____

7 나는 교사가 될 때까지 계속 공부할 것이다.

_____

8 우리는 비 맞기 전에 실내로 이동했다. (get caught in the rain 비 맞다)

_____

9 그가 램프를 움직이면, 거인이 램프에서 나왔다. (lamp 램프, giant 거인)

_____

10 나는 전화를 끊고 나서 저녁을 먹기 시작했다. (hang up 전화를 끊다)

_____

1 그는 나를 보기만 하면 미소 짓는다. (smile at ~에게 미소짓다)

_____

2 그녀를 볼 때마다 엄마 생각을 한다.

_____

3 나는 외출할 때마다 서점에 들른다. (bookstore 서점)

_____

4 우리가 출발하자마자 비가 오기 시작했다. (depart 출발하다)

_____

5 그녀는 방에 들어가자마자 울기 시작했다.

_____

6 내가 문을 잠그자마자 누군가 문을 두드렸다. (knock 두드리다)

_____

7 그의 소식을 들을 때마다 그녀는 웃었다. (hear from 소식을 듣다)

_____

8 내가 잠자리에 들자마자 전화가 울렸다. (get into bed 잠자리에 들다)

_____

9 나는 20세가 되자마자 운전을 배우려고 한다.

_____

10 나는 그 곳에 가기만 하면 내가 아는 사람을 만난다.

_____

1 두통이 있어서 외출할 수가 없었다. (headache 두통)

_____

2 그 덕분에 일등상을 탔다. (first prize 일등상)

_____

3 내 차가 고장 나서 걸어서 집에 가야했다. (break down 고장 나다)

_____

4 그가 약속을 지키지 않아서 화가 났다.

_____

5 그것이 단지 가볍다는 이유로 그것을 샀다. (light 가벼운)

_____

6 그는 가난한 집안에서 태어나서 대학에 갈 수 없었다. (college 대학)

_____

7 나는 시골에 살았기 때문에 PC방에 자주 못 갔다.

_____

8 내가 집을 대청소를 했기 때문에 나는 꾸중을 받지 않았다. (clean up 대청소하다)

_____

9 오늘 일을 열심히 했으니 잠자리에 들 수 있다.

_____

10 피곤해서 금방 잠이 들것 같다. (fall asleep 잠들다)

_____

1 그는 비록 부자이지만 행복해 보이지 않는다.

_____

2 그는 비록 어리기는 하지만 사려가 깊다. (thoughtful 사려 깊은)

_____

3 그것은 너무 낡았지만, 아주 유용하다. (useful 유용한)

_____

4 내가 그를 좋아함에도 불구하고 그에게 관심이 없는 척 했다. (pretend to ~인 척하다)

_____

5 그는 우리 옆집에 살지만 그를 거의 만나지 못한다. (next to 옆집에)

_____

6 나는 노래를 잘 부르지 못하지만 노래방 가는 것은 좋아한다. (karaoke 노래방)

_____

7 그의 좋은 성격에도 불구하고 그는 여자 친구가 없다. (personality 성격)

_____

8 그 책을 다 읽었지만 내용을 이해하지 못했다. (content 내용)

_____

9 우리는 같은 학원에 다니지만 서로 인사하지 않는다. (greet 인사하다)

_____

10 나는 용기 있는 편이다. 그럼에도 불구하고 그 사람 앞에서는 당황이 된다. (kind of ~한 편)

_____

1   그것을 적절히 사용하면, 매우 효과적일 것이다. (properly 적절히)

_____

2   내가 괴물을 보면 공포에 떨 것이다. (monster 괴물, tremble 떨다)

_____

3   그가 거짓말을 하지 않으면 나는 그를 신뢰할 수 있을 것이다. (trust 신뢰하다)

_____

4   내가 살아 있는 한 그를 잊지 않을 것이다.

_____

5   내가 아는 한 그는 절대 땡땡이치지 않는다. (play hooky 땡땡이치다)

_____

6   내가 아는 한 그는 절대 친구를 배반하지 않는다. (betray 배반하다)

_____

7   내가 아는 한 그는 절대 나에게서 떠날 사람이 아니다. (the last ~할 것 같지 않음)

_____

8   아버지가 늦으시는 경우 우리는 먼저 식사할 것이다.

_____

9   그가 올 경우를 대비해서 음식을 좀 더 만들 것이다.

_____

10   그가 그것을 돌려주기만 한다면, 내 자전거를 빌려줄 수 있다.

_____

1 나는 그런 식으로 말 할 필요가 없었다.

_____

2 엄마가 했던 대로 그 음식을 요리한다.

_____

3 그는 언제나 그가 좋을 대로 생각한다.

_____

4 나는 그대로의 그의 모습이 좋다.

_____

5 어찌할 바를 몰라서 그들이 하는 대로 했다.

_____

6 나는 내 맘대로 물건을 사고 싶었다.

_____

7 나는 내가 원하는 대로 일을 처리한다. (deal with 처리하다)

_____

8 예보된 대로 날씨가 상쾌했다. (refreshing 상쾌한)

_____

9 아침을 먹는 대로 설거지를 했다.

_____

10 아침에 일어나는 대로 서울로 출발해야 했다.

_____

87 나를 아이처럼 취급한다. (마치 ~인 것처럼)

1 그는 마치 자기가 나의 남자친구인 것처럼 행동한다.

_____

2 그는 마치 미국에 다녀온 것처럼 말한다.

_____

3 나는 마치 구름 위를 걷고 있는 듯한 기분이었다. (cloud 구름)

_____

4 그는 어젯밤에 밤을 꼬박 지새운 것처럼 보였다. (sit up all night 밤을 지새우다)

_____

5 눈이 올 것 같았다.

_____

6 그는 마치 전문 가수인 것처럼 노래를 부른다. (professional 전문의)

_____

7 그는 항상 컴퓨터에 대해서 전문가인 것처럼 말한다. (expert 전문가)

_____

8 그것은 딸기 같은 맛이 났다. (strawberry 딸기)

_____

9 그 아기는 마치 인형 같았다. (doll 인형)

_____

10 그는 마치 전에 만난 것처럼 나에게 말을 걸었다.

_____

1   나는 햄버거뿐 아니라 샌드위치도 먹었다. (sandwich 샌드위치)

_____

2   오늘은 후덥지근했고 게다가 끈적이기까지 했다. (sultry 후덥지근한)

_____

3   그 일은 새롭기도 했지만 복잡하기도 했다. (complex 복잡한)

_____

4   나는 기침 뿐 아니라 콧물도 흘렸다. (cough 기침)

_____

5   그는 경험이 없을 뿐 아니라 믿음직스럽지도 못했다. (unreliable 믿음직하지 못한)

_____

6   아이들뿐 아니라 어른들도 컴퓨터 게임을 좋아하는 것 같다.

_____

7   그는 친구뿐 아니라 어려운 사람들을 기꺼이 도와준다. (people in need 어려운 사람들)

_____

8   그녀는 참 세련되었다. 게다가 견문도 참 넓다. (well-informed 견문이 넓은)

_____

9   나는 실수를 잘 할 뿐 아니라 게다가 건망증도 심하다. (forgetful 건망증이 있는)

_____

10   그는 나에게 반지를 사 주었고 게다가 나를 위한 노래도 불러 주었다.

_____

1 나는 우리 부모님과는 달리 매우 수다스럽다. (talkative 수다스런)
_____

2 나도 우리 부모님들처럼 자원봉사를 많이 할 것이다.
_____

3 그는 아프기는커녕 그 반대로 축구를 하고 있었다.
_____

4 나는 매우 내성적인 편이다. 반면에 내 남자친구는 외향적이다. (reserved 내성적인, extrovert 외향적인)
_____

5 나는 수영복을 입지 않고 대신에 반바지를 입었다. (swimming suit 수영복)
_____

6 나도 마찬가지로 독특한 스타일을 원했다. (unique 독특한)
_____

7 그들은 비슷하게 행동한다.
_____

8 우리는 똑같이 컴맹이다. (computer-illiterate)
_____

9 나는 그녀가 겸손하다고 생각했다. 하지만 그와는 반대로 그녀는 뽐내기를 좋아했다. (show off 뽐내다)
_____

10 나는 영어를 잘하는 반면 수학은 잘 못했다.
_____

1 그는 너무 수동적이다. 예를 들면 그는 시키는 일만 한다. (passive 수동적인)

2 그는 건강에 무관심한 것 같다. 예를 들면 그는 운동을 전혀 하지 않는다. (indifferent 무관심한)

3 나는 뱀이나 지렁이 같은 기어 다니는 것을 싫어한다.

4 나는 거짓말을 하거나 남을 괴롭히는 것과 같은 그의 나쁜 행동을 보았다.

5 나는 그를 이해하지 못하겠다. 다시 말해 왜 그가 그랬는지 모르겠다.

6 나는 그에게 소리를 질렀다. 다시 말해 나의 감정을 표현하고 싶었다. (shout at 소리 지르다)

7 나는 의사나 변호사 같은 전문가가 되고 싶다. (lawyer 변호사)

8 나는 햄버거나 프라이드치킨 같은 정크 푸드를 먹지 않으려고 한다.

9 나는 장동건, 탐 크루즈 같은 영화배우가 되고 싶다. (movie star 영화배우)

10 나는 야후나 네이버 같은 포털 사이트를 자주 방문한다.

1 어제 여기에 온 그 여성이 그 샵의 주인이다. (owner 주인)

_____

2 옆집에 사는 그 부부는 매일 아침 조깅을 한다.

_____

3 나에게 전화하신 분은 우리 아버지였다.

_____

4 나를 많이 격려해 주셨던 선생님을 방문할 것이다. (encourage 격려하다)

_____

5 그 지붕열리는 차를 가지고 있는 사람을 안다. (convertible 지붕이 열리는 차)

_____

6 기회는 준비된 사람에게만 온다. (chance 기회)

_____

7 나는 함께 드라이브 갈 사람을 찾고 있었다. (go for a drive 드라이브 가다)

_____

8 우리는 어려움에 처한 사람을 모른 척 하지 말아야 한다. (in trouble 어려움에 처한)

_____

9 나는 자유로이 행동하는 사람이 부럽다. (envy 부럽다)

_____

10 내 옆에 서 있던 사람은 저명인사였다. (celebrity 저명인사)

_____

1 나는 그의 이름이 스티븐인 그 사람을 안다.

_____

2 그의 누나가 나를 알고 있는 사람을 만났다.

_____

3 나는 그의 형이 영국에 있는 친구가 하나 있다.

_____

4 나는 그 책 제목이 ○○인 잡지를 하나 샀다. (magazine 잡지)

_____

5 가방을 도난당한 한 학생이 울고 있었다. (be stolen 도난당하다)

_____

6 나는 그의 가족이 미국에 있는 사람을 몇 명 안다.

_____

7 나는 그의 차가 고장 난 사람을 도와주었다. (break down 고장 나다)

_____

8 나는 그녀의 눈이 파란 여자를 보았다.

_____

9 나는 다리가 매우 짧은 강아지를 가지고 있다.

_____

10 나는 아버지가 영어 선생님인 사람에게 몇 가지 질문을 했다.

_____

1 어제 내가 만난 그 아이가 그의 형이다.

_____

2 내가 어젯밤 봤던 그 영화는 정말 감동적이었다. (impressive 감동적인)

_____

3 내가 항상 그리워하던 할머니가 돌아가셨다. (pass away 돌아가시다)

_____

4 나는 내가 좋아하지 않는 사람에 대해서는 말하지 않는다.

_____

5 그가 나에게 사준 시계가 정말 마음에 들었다.

_____

6 내가 어제 잡은 물고기가 아직도 살아 있다. (caught 잡다)

_____

7 어제 잃어버린 열쇠를 찾았다.

_____

8 그가 말하는 것은 모두 사실이었다.

_____

9 내가 가지고 있던 돈을 다 그에게 주었다.

_____

10 그가 이야기하고 있었던 그 분이 우리 삼촌이다.

_____

1   월요일은 내가 골프를 배우러 가는 날이다.

   _____

2   나는 우리가 처음 만난 날을 아직도 기억한다.

   _____

3   나는 정원이 큰 집에서 살고 싶다. (garden 정원)

   _____

4   우리가 머물렀던 호텔은 매우 깨끗하다. (stay 머무르다)

   _____

5   이곳이 내가 어릴 때 살 던 곳이다.

   _____

6   아무도 그가 당황한 이유를 몰랐다. (puzzled 당황한)

   _____

7   나는 그녀가 그렇게 슬퍼하는 이유를 안다.

   _____

8   나는 그에게 내가 그를 싫어하는 이유를 설명했다. (explain 설명하다)

   _____

9   그는 부인에게 운전하는 방법을 가르쳐주는 것을 거절했다. (refuse 거절하다)

   _____

10 컴퓨터에 프로그램 설치하는 방법을 배웠다. (install 설치하다)

   _____

1 나는 부정적인 사람은 누구든 싫다. (negative 부정적인)
_____

2 나는 돈을 받을 때 마다 예금을 한다. (make a deposit 예금하다. get paid 돈을 받다)
_____

3 나는 졸릴 때마다 짜증이 난다. (get irritated 짜증이 나다)
_____

4 그가 오면 언제든지 환영한다. (welcome 환영하다)
_____

5 그 티켓을 가져 온 사람은 누구나 그 콘서트를 볼 수 있다.
_____

6 나는 여행을 갈 때마다 디지털 카메라를 가지고 다닌다. (carry 가지고 다니다)
_____

7 카메라를 가지고 있는 사람은 누구나 그 연수에 참여할 수 있다. (training 연수)
_____

8 그 연수에 참여하는 사람은 누구나 시험을 치러야 한다. (take an exam 시험을 치르다)
_____

9 내가 하는 일은 무엇이든지 만족스럽지 않다. (be satisfied with ~에 만족하다)
_____

10 그는 내가 하는 일은 무엇이든지 항상 칭찬해 준다. (praise for ~한 것에 대해 칭찬하다)
_____

1 그가 어디에 있던지 나는 그에게 전화를 할 것이다.
_____

2 그가 어디를 가든 나는 개의치 않는다. (don't care 개의치 않다)
_____

3 나는 무엇을 하든 최선을 다 할 것이다.
_____

4 내가 어디를 가든 그를 잊지 않을 것이다.
_____

5 누가 나를 부르든 나는 대답하지 않았다.
_____

6 그가 어느 것을 사든 괜찮다.
_____

7 그가 무엇을 가져오든 나는 거절할 것이다. (reject 거절하다)
_____

8 아무리 더워도 쇼핑을 가야 했다.
_____

9 그는 내가 언제 집에 오든 걱정하지 않는다.
_____

10 내가 아무리 많이 설득을 해도 그는 내 말을 듣지 않았다. (persuade 설득하다)
_____

1　우리 언니는 한 번도 설거지를 하지 않는다.

_____

2　우리는 그의 생일 파티에서 즐거웠다.

_____

3　나는 주말마다 빨래를 한다.

_____

4　그들에게 떠들지 말라고 부탁했다.

_____

5　그가 한 말은 이치에 맞지 않는 말이다.

_____

6　일이 끝난 후에 집으로 직행했다.

_____

7　우리는 시간을 잘 이용해야 한다.

_____

8　여행에 가져 갈 물건의 리스트를 작성했다.

_____

9　그가 나에게 한 번 해보라고 격려했다.

_____

10　우리는 오후에 교대해야 한다.

_____

1 나는 그가 예민하다고 생각한다.

_____

2 그는 분별력이 없다.

_____

3 그가 나를 보자 낄낄 웃었다.

_____

4 내 애완견에게 가서 공을 가져오라고 시켰다.

_____

5 새 소파가 참 편했다.

_____

6 좀 편리한 세탁기를 하나 사고 싶다. (washing machine 세탁기)

_____

7 나는 하루 종일 잃어버린 안경을 찾아보았다. (lost 잃어버린)

_____

8 나는 운전기사에게 택시 요금을 냈다.

_____

9 기차 안에는 많은 승객들이 있었다. (passenger 승객)

_____

10 우리는 그것이 움직이는 것을 관찰했다.

_____

1 우리는 ○○아파트에 산다.

_____

2 그 마을에는 비닐하우스가 많다.

_____

3 나는 카스테라를 좋아한다.

_____

4 정전이 되어 플래시를 찾았다.

_____

5 너무 더워 아이스커피 한잔 마시고 싶었다.

_____

6 내 핸드폰은 구식이다. (old-fashioned 구식의)

_____

7 그는 러닝셔츠를 입지 않는다.

_____

8 우리는 매직으로 그림을 그렸다.

_____

9 나는 그가 컨닝하는 것을 보았다.

_____

10 내 책상위에는 스탠드가 두 개 있다.

_____

1 나는 톰, 메리 그리고 제니퍼를 좋아한다.

_____

2 나는 슬픈 게 아니라 우울했다. (gloomy 우울한)

_____

3 나는 2월 21일에 태어났다.

_____

4 그가 나에게 '사랑한다.'고 했다.

_____

5 그들은 세 가지, 즉 돈, 희망, 용기가 없었다.

_____

6 내가 낙심했을 때, 그가 나를 위로해 주었다.

_____

7 그는 성격이 좋은 사람이다. (good-natured 성격이 좋은)

_____

8 다음 주 월요일이 설날이다.

_____

9 나는 프랑스어를 배우고 싶다.

_____

10 미스터 박은 지금 미국에 있다.

_____

모범답안

나의 영작실력은?

Chapter 05

037 1. Don't put off till tomorrow what you can do today.
2. I can speak Japanese.

038 1. I have to call my parents.
2. I didn't have to tell the truth.

039 1. He must be sick.
2. He couldn't have eaten it.

040 1. I should have helped him.
2. We should not have hung around downtown at night.

041 1. When I was young, I would be late for school.
2. I used to call him before going to bed every night.

042 1. When we cross at the crosswalk, we had better obey the traffic signals.
2. We had better not waste money.

043 1. I'd rather travel all over my country than go on a trip abroad.
2. I'd rather start again than give up.

Chapter 06

044 1. I searched for information on the internet to write a report.
2. I made an appointment to get a medical checkup.

045 1. I cut up the credit card with scissors not to use it any more.
2. I ate slowly so as not to get indigestion.

046 1. I had a lot of work to do all day.
2. I have a problem to think about.

047 1. I was surprised to find that he had gone.
2. He must be brave to run into the burning building.

048 1. The problem was when to finish the work.
2. How to do is more important than what to do.

049 1. I finished reading ten comic books.
2. My love began to cool down.

050 1. I couldn't help being surprised at his behavior.
2. I couldn't help thinking that he was stupid.

051 1. I regret not doing my homework in advance.
2. I fogot to return the book.

Chapter 07

052 1. I am trying to be thoughtful.
2. He is young, and he is sensible.

053 1. He is obese, so he has to lose weight.
2. I want to look intelligent.

054 1. I am left-handed.
2. He is a warm-hearted person.

055 1. A number of people came to the party.
2. It was too much work for one person.

056 1. There were a few kids in the room.
2. I had a little money in my pocket.

057 1. He has quite a few books.
2. I am old enough to see the movie.

058 1. The late doctor was really kind.
2. I will speak English well before long.

059 1. The gallery is worth visiting.
2. I want to have a wooden chair.

060 1. I was so tired that I took a rest for a while.
2. I was too angry to tolerate it any more.

061 1. My family lives together happily.
2. They live far away.

062 1. I usually watch too much TV.
2. I always try to be an industrious worker.

063 1. I could hardly control my feelings.
    2. The rich are not always happy.

064 1. I haven't seen him lately.
    2. The clothes were badly stained.

065 1. We meet every two weeks.
    2. I met my teacher on my way to school.

Chapter 08

066 1. I want to be as intelligent as she.
    2. I am not as careful as she.

067 1. I was as happy as a lark.
    2. He is as slow as a snail.

068 1. My dad drives as safely as possible.
    2. It is as good as new.

069 1. It's cooler today than yesterday.
    2. I am interested more in art than music.

070 1. This is much cheaper than that.
    2. The more one has, the more one wants.

071 1. The present was what I wanted most.
    2. It was the worst mistake I'd ever made.

072 1. I will invite more than 10 friends.
    2. I won't follow his advice any longer.

Chapter 09

073 1. I always watch TV after dinner.
    2. I waited for him until ten o'clock.

074 1. I put my bag on the chair.
    2. He suddenly came in the room.

075 1. My legs trembled with fear.
    2. The toy is made of a sheet of paper.

076 1. I celebrated Valentine's Day by giving him chocolates.
    2. I like traveling by train.

077 1. To my joy, he passed the exam.
    2. I will go downtown to see a movie this evening.

078 1. In my mind, I think he is warm-hearted.
    2. Honestly, I didn't bully him.

079 1. She appeared with her new clothes on.
    2. I listened to music with my eyes closed.

Chapter 10

080 1. I downloaded games.
    2. I was very nervous, but I did well.

081 1. I had to get up before the sun rose.
    2. I waited until the water boiled.

082 1. As soon as he heard the news, he turned pale.
    2. My throat hurt whenever I talked.

083 1. He succeeded because he did his best.
    2. As it rained again, I had to stay at home.

084 1. I was delighted though I was tired.
    2. Even though my dad has his own car, he takes the subway to work.

085 1. I will go there unless he comes here first.
    2. I don't care who you are, where you are from, or what you did as long as you love me.

086 1. I didn't like to do it that way.
    2. I told the story just as I had heard it.

087 1. He talks to me as if he were my dad.
    2. He looked as if he needed some rest.

088 1. The program is instructive as well as interesting.
    2. I had a headache. In addition, I had too many things to do.

089 1. I was not sick; on the contrary, I was in the best condition.
    2. I don't like to study like him.

090 1. He is very conservative. For example, he never follows new fashion trends.
    2. I needed some stationery such as a notebook, a pencil case, a ruler, etc.

Chapter 11

091 1. I like the teacher who speaks English very well.
    2. He is a volunteer who helps others.

092 1. There were many children whose parents passed away.
    2. I wore the jumper of which the zipper broke.

093 1. The TV program that I saw last night was about our history.
    2. The person whom I believed to be honest deceived me.

094 1. I remember the day when we first met.
    2. I don't know the reason why he is so upset.

095 1. I can choose whichever I like.
    2. I'll give it to whoever wants it.

096 1. Whatever he says, nobody believes it.
    2. However hot it may be, I will play tennis.

Chapter 12

097 1. I hate doing housework, especially cleaning windows.
    2. I went to the bank to make a deposit.

098 1. We went on a chartered bus.
    2. I looked for him for an hour and finally I found him.

099 1. I called the repair center for after-sales service.
    2. The player's uniform number is 11.

100 1. My mom and dad get along well together.
    2. I don't like high-heeled shoes.

Chapter 05

037 1. I can speak three languages.
    2. I can play the flute.
    3. I am able to stand on my head.
    4. I was able to answer the question.
    5. I was not able to keep my promise.
    6. I can get over any difficulties.
    7. I can watch TV with my cell phone.
    8. You can wear my clothes.
    9. Can I enter the room?
    10. You can go right now.

038 1. We must prepare for the next contest.
    2. Today my family has to visit my grandparents.
    3. I had to write the report again.
    4. I will have to go home tomorrow.
    5. We should obey our parents.
    6. We should not jaywalk.
    7. In case of a fire, we should dial 119.
    8. We need to take care of our health.
    9. I didn't have to buy it.
    10. We didn't have to take off our shoes.

039 1. He may know who I am.
    2. His story must be false.
    3. He can't lend me his cell phone.
    4. The admission fee can't be that expensive.
    5. She must have been sulky to say so.
    6. He must have seen the movie.
    7. He must have been asleep.
    8. We may have gone to the same school.
    9. He may know my secret.
    10. He couldn't have looked for me.

040 1. I should have saved more.
    2. I should have taken the medicine three times a day.
    3. I should have checked the battery in advance.
    4. I should have been more prudent.
    5. I should not have turned right.
    6. She should not have asked him a favor.

7. I should have apologized to him first.

8. I should have done the dishes after the meal.

9. I need not have followed his advice.

10. I need not have listened to him.

041 1. Sometimes I chat with him on the Internet.

2. I often surf the Internet all day.

3. I usually spend my leisure time watching TV.

4. I sometimes cheat when playing cards.

5. Sometimes I make mistakes.

6. I used to play table tennis every Saturday.

7. My dad used to smoke when he was young.

8. A big tree used to be in my uncle's garden.

9. I used to go to church every Sunday.

10. I would go to the arcade to play games when I was young.

042 1. I had better use an electronic dictionary.

2. You had better be punctual.

3. You had better think again.

4. We had better wear safety equipment.

5. We had better go to bed early to take enough rest.

6. I may as well start again now.

7. I'd rather give it up.

8. You had better not rely on anyone.

9. We had better not bully our friends.

10. I'd rather not do such a thing.

043 1. I'd rather die than do it.

2. I'd rather walk than take a bus.

3. I'd rather sleep than meet him.

4. I'd rather visit than call him.

5. I'd rather see a movie than read the book.

6. I'd rather drink water than eat the food.

7. I'd rather play soccer than study.

8. I ran rather than walked.

9. He wanted to be a composer rather than a singer.

10. I'd like milk rather than yogurt.

Chapter 06

044 1. I saved money to take a trip to Europe.

2. I didn't buy it to save some money.

3. I don't eat much so as to lose weight.

4. I will study hard so as to pass the exam.

5. We put it in the freezer so as to eat later.

6. I cleaned my glasses in order to see better.

7. I will study harder in order to catch up with him.

8. I meditate in order to relax my mind.

9. I always carry my cell phone so that I can receive his calls.

10. I used fresh ingredients so that I could make delicious dishes.

045 1. I was careful not to fall down.

2. We have to keep the safety tips not to get hurt.

3. I hurried up in order not to be late for the meeting.

4. I did my best in order not to disappoint him.

5. I didn't look at him so as not to be upset.

6. I closed my eyes not to reveal my feelings.

7. I don't overeat so as not to gain weight.

8. I try not to fall behind the times.

9. I made a list not to buy unnecessary things.

10. I will try lest I should fail next year.

046 1. I have many things to achieve.

2. I had many materials to look into.

3. I had a paper to hand in.

4. I have other important things to do tomorrow.

5. I needed a magazine to read in the car.

6. I had plenty of clothes to wash.

7. Recycling is one of many ways to preserve the earth.

8. I have a handicap to overcome.

9. There is a newly released movie to see.

10. I have some clothes to be dry-cleaned.

047 1. I was happy to meet my friends I hadn't seen in a long time.
2. I was glad to come across him.
3. I wept to see the sad scene.
4. I am really happy to fall in love with him.
5. I got angry to listen to his foolish story.
6. He must be honest to say so.
7. He must be crazy to buy it.
8. He is great to help the poor.
9. He must be a fool to believe her story.
10. He must be angry to behave like that.

048 1. I didn't know how to express my gratitude.
2. I didn't decide yet which clothes to wear.
3. I couldn't choose what to buy.
4. I wanted to know when to start.
5. I didn't know what to say.
6. I didn't know who to ask for advice.
7. He advised me on what to do first.
8. I didn't know which exit I should take.
9. I know how to make rice cakes.
10. My friends taught me how to dance well.

049 1. Today I finished eating dinner early.
2. My dad gave up drinking a few months ago.
3. I often enjoy playing computer games on the Internet.
4. I practiced kicking the ball around with my friends.
5. I admitted having cheated on the exam.
6. I like to go to art exhibitions.
7. I like eating between meals.
8. Clouds began to cover the sky.
9. It continued raining.
10. The water started boiling.

050 1. I couldn't help having a medical check-up.
2. I couldn't help believing his story.
3. I couldn't help laughing at his joke.
4. We cannot be too honest.

5. There was no use repenting.
6. There is no knowing what may happen.
7. I couldn't help receiving his present.
8. I couldn't help accepting his propose.
9. I couldn't help telling a lie to him.
10. I couldn't help expressing my opinion clearly.

051 1. I remember meeting him last year.
2. I remember fighting with him before.
3. I forgot to send him an e-mail.
4. I forgot to go to the bank.
5. I regret saying that I would not eat.
6. He stopped posting messages on the board.
7. I stopped to enter the building.
8. She tried to pretend to be graceful.
9. I tried solving the difficult problem.
10. He went on nagging.

Chapter 07

052 1. She is really jolly.
2. He is argumentative.
3. I met an affectionate girl.
4. I like him very much because he is active and positive.
5. He is sincere and helps others well.
6. He is confident, so he has no stage fright.
7. She doesn't hang around alone at night because she is timid.
8. She is not sensitive but picky.
9. She is popular because she is attractive.
10. I am very sociable and honest, so I have many friends.

053 1. A stocky man approached me.
2. He didn't look neat.
3. I am interested in my appearance.
4. I seem to be overweight.
5. I want to be skinny like fashion models.
6. I put on makeup to look pretty.
7. I look young when I wear makeup.
8. I want a fashionable hairdo.
9. I am overweight for my height.

10. He is neither tall nor handsome.

054 1. He is a cold-hearted man.
   2. He is open-minded.
   3. I have a turned-up nose.
   4. My brother is flat-footed.
   5. I don't like high-heeled shoes.
   6. He is popular because he is quick-witted.
   7. I dislike him because he is self-centered.
   8. I don't wear low-necked clothes.
   9. He is very self-assured.
  10. I like good-natured people.

055 1. I made many mistakes.
   2. I have many accessories.
   3. I have many good memories.
   4. I have too much work to do.
   5. The movie had many brutal scenes.
   6. He does many good things for the sick.
   7. I drink a lot of water to be healthy.
   8. Many students are worried about tests.
   9. The test gave me a lot of stress.
  10. The book gave me a lot of information.

056 1. He is leaving after a few days.
   2. I guessed a few riddles.
   3. I had a few reasons.
   4. I bought a few pears.
   5. They had a little hope.
   6. I had a little fever.
   7. There was little rain this year.
   8. These days I have little time.
   9. It was a little difficult.
  10. I wanted to sleep a little longer.

057 1. I needed quite a bit of time.
   2. There were quite a few people in the amusement park.
   3. I had quite a bit of money to buy the car.
   4. I sent him quite a few e-mails.
   5. I didn't have enough money to buy an electronic dictionary.
   6. The song was merry enough to make me dance.
   7. Dancing was fun enough to refresh me.
   8. He is clever enough to do the job.
   9. I didn't have enough time to take a nap.
  10. I am old enough to know what's wrong.

058 1. I hurried up not to be late for the alumni meeting.
   2. The present situation is very tough.
   3. I am concerned about the result.
   4. I don't know his present address.
   5. All the members were present.
   6. In general, my family is bashful.
   7. My younger brother and I have a lot in common.
   8. I have no hobby in particular.
   9. I tried to save him, but it was in vain.
  10. I'll stop eating junk food for good.

059 1. I was awake all night.
   2. I was aware that something was wrong.
   3. I couldn't fall asleep because of the noise.
   4. I was not content with the result.
   5. I have two elder sisters.
   6. I have a wooden desk.
   7. I saw the former president yesterday.
   8. We studied about outer space.
   9. I think the book is worth reading.
  10. It was my only hope.

060 1. It was so cold that I turned on the heater.
   2. I arrived so early that I had to wait for an hour.
   3. I was in such a hurry that I forgot to bring my wallet.
   4. The book was so interesting that I read it twice.
   5. I felt so ashamed that I couldn't speak.
   6. I was too busy to take a shower.
   7. I was too tired to do the housework.
   8. I was too worried to sleep well.
   9. It was too dark to see the ball.
  10. I was too busy to check my e-mail.

061 1. He spoke very slowly.

2. I politely answered his question.

3. He welcomed me warmly.

4. I quickly read the boring history book.

5. He bravely saved me from danger.

6. I want to speak English fluently.

7. I remember my childhood vividly.

8. We shouldn't spend money thoughtlessly.

9. There were various events here and there in the park.

10. I couldn't sleep well because of the mosquitoes.

062 1. My parents always tell me to be careful.

2. I always sit in front of the computer.

3. He always points out my mistakes.

4. I often say "Thank you."

5. Sometimes I miss my old friends.

6. I sometimes have arguments with my parents.

7. I sometimes get stressed because of my brother.

8. I often make my friends laugh.

9. I often go to a singing room with my friends.

10. He never dances.

063 1. I hardly ever get angry.

2. I hardly ever exercise.

3. We seldom have dinner together.

4. I scarcely hear him tell the truth.

5. It was not all my fault.

6. All my friends didn't come to my party.

7. He doesn't know everything about it.

8. I couldn't solve all the problems.

9. He seldom changes his mind.

10. He is not always pessimistic.

064 1. I thought deeply about my future.

2. The music moved me deeply.

3. It has been very hot lately.

4. We looked for it closely.

5. He was badly injured in the accident.

6. The concert will end shortly.

7. It took nearly one hour to do it.

8. I have never done it since.

9. I didn't have the habit three years ago.

10. I will correct my bad habit shortly.

065 1. My computer broke down last week.

2. At first, he encouraged me.

3. I will stop watching TV right now.

4. I will remember him for a long time.

5. I will never overeat from now on.

6. From time to time, I suffer from headaches.

7. His cell-phone rang in the middle of dinner.

8. At last, he got a driver's license.

9. I have never seen a musical until now.

10. I didn't want to do anything for a while.

Chapter 08

066 1. My brother is as greedy as I.

2. He saved as much money as I.

3. She was as sweet as my sister.

4. As animal's life is as precious as our life.

5. He loves me as much as my mom.

6. I think I am not as optimistic as she.

7. He is not as timid as I.

8. I bought as much as I wanted.

9. He has as many computer game CDs as I.

10. I didn't sleep as well as I wanted.

067 1. She was as poor as a church mouse.

2. My brother is as wise as an owl.

3. My mom is as busy a bee.

4. She was as fresh as a daisy.

5. The baby was as weak as a kitten.

6. Sometimes they were as fierce as lions.

7. The meat was as tough as leather.

8. I wanted to be as graceful as a swan.

9. The sofa was as comfortable as an old shoe.

10. The work was as easy as ABC.

068 1. I had to go there as early as possible.

2. I stayed at home as long as possible.

3. He swims as often as possible.

4. The doctor was as kind as could be.

5. He was as responsible as could be.

6. I finished it as soon as possible.

7. He is as good as a professional dancer.

8. He is not so much good as humane.

9. He is not so much a singer as an actor.

10. I am interested in music as well as sports.

069 1. She is shorter than her sister.

2. He seems to be more passionate than I.

3. He runs faster than I.

4. I like watching soccer more than playing it.

5. It was greater than I thought.

6. I have to be more diligent than now.

7. I like skiing in winter more than swimming in summer.

8. I think the subway is more comfortable than the bus.

9. She is more cute than pretty.

10. I have become more active than before.

070 1. This computer is much better.

2. He is even more thoughtful than I.

3. The more I know him, the more I like him.

4. I swim the butterfly stroke a lot better than the backstroke.

5. The faster, the better.

6. The more, the better.

7. My brother is even taller and fatter than I.

8. I like English even more than math.

9. I want to be even more slender than now.

10. The higher I climbed, the colder it became.

071 1. It was the biggest of all.

2. I looked for the nearest restaurant.

3. He is the funniest comedian in Korea.

4. Practice is the most important thing in learning English.

5. Today was the saddest day of my life.

6. She ran fastest of all.

7. I am the most comfortable when I am alone.

8. It is the worst movie I've ever seen.

9. I think health is the most important thing.

10. This book is the most boring book I've ever read.

072 1. I spent less than 10,000 won today.

2. He gave me more than 50 books.

3. I lost at least three cell-phones.

4. The price of the book may be less than 10,000 won.

5. I waited for at least three hours.

6. I will depend on him no longer.

7. He visited three countries or more.

8. Most people were taking a nap.

9. I spend most of my time traveling.

10. I could stand the heat no longer.

Chapter 09

073 1. I'll go to church on Sunday.

2. I worked hard from morning till night.

3. I had to finish my report by midnight.

4. I'll go on a diet from now on.

5. I visited my uncle's house during the holiday.

6. I have studied English for six years.

7. I often go to an Internet cafe after school.

8. He came back home after a few years.

9. I dozed through my class.

10. I have had a stomachache since lunch.

074 1. I live in Daejeon.

2. I met him at the train station.

3. The children climbed up the tree.

4. I headed for the supermarket.

5. My purse was between the sofa cushions.

6. He went down the steps.

7. I walked into the building.

8. There was no one in the room.

9. Our shop is between the school and the bank.

10. I was sitting among the teachers.

075 1. I was surprised at the result.

2. I blushed at the mistake.

3. I suffer from influenza.
4. My brother is in bed with a stomachache.
5. He cried from serious pain.
6. I trembled with anger.
7. The building is made of bricks.
8. Everything inside his house is made of wood.
9. The leather was made into shoes.
10. I was disappointed at his strange response.

076 1. I played with a pinwheel.
2. My sister likes to play with her dolls.
3. I had to wash the clothes by hand.
4. I sent him a present by express mail.
5. I got to know amazing facts through the book.
6. I went to the airport in a hurry by taxi.
7. I relaxed by listening to music.
8. We took a shortcut to the station by taxi.
9. I wanted to go by the express train, KTX.
10. I want to experience other cultures through traveling.

077 1. To my surprise, I heard sad news last week.
2. To my sorrow, my grandmother passed away suddenly.
3. To my surprise, she had a car accident.
4. To our despair, we can see her no longer.
5. To my disappointment, he didn't let me know about it.
6. To my disappointment, he lied to me again.
7. I didn't want to go outside.
8. I think I will succeed someday.
9. My family goes skiing every winter.
10. I went to the charity bazaar last Sunday.

078 1. In my opinion, I think he pretends to be busy.
2. In my opinion, we don't have to participate in the camp.
3. In my view, it won't be helpful.

4. As I see it, it is a waste of time.
5. Honestly, I didn't go there early.
6. Frankly speaking, I don't want to take care of him.
7. As I see it, he is too picky.
8. To tell the truth, I often use disposable products.
9. As I see it, my family doesn't save energy.
10. In my mind, I need to change my way of thinking.

079 1. I left home with my hair wet.
2. I went out with the door open.
3. I read a book with the radio on.
4. I was sitting with my legs crossed.
5. I fell asleep with the pot boiling.
6. It is not good to speak with your mouth full.
7. I walked with my hands in my pockets.
8. I listened to music with my eyes closed.
9. I came back home with the wet clothes on.
10. I fell asleep with the light on.

Chapter 10

080 1. I run well, and he swims well.
2. I played the piano, and he sang a song.
3. I told a lie. However, it came to light in the end.
4. I didn't invite him, but he came.
5. I listened to music and danced to music.
6. I was late, so I rushed into the school.
7. He speaks English like a native speaker, so I envy him.
8. I read books or newspapers on the subway.
9. I never forget my family's birthdays or anniversaries.
10. I have no time. Thus, I can't prepare a present for him.

081 1. When he comes home, we'll have dinner.
2. When my mom came in, I was studying

English.

3. I cut my finger while I was peeling an apple.
4. We cleaned up the house before my relatives arrived.
5. I bowed to my parents before I left.
6. After my mom left, my brother arrived.
7. He has been depressed since his dog died.
8. I can go out after my mom comes home.
9. He didn't appear until the concert finished.
10. When I have free time, I hang around downtown.

082 1. I regret whenever I make a mistake.
2. He advised me whenever I had a problem.
3. He gives us delicious food whenever we go there.
4. On coming home, I checked my e-mail.
5. I replied as soon as I received his e-mail.
6. My dog wags his tail whenever it sees me.
7. I never wash dishes without breaking a dish.
8. I save my money whenever I get my allowance.
9. I fell asleep as soon as I hit the pillow.
10. As soon as I told the story, he laughed.

083 1. I couldn't attend the meeting because of diarrhea.
2. I thought I passed the exam thanks to my teachers.
3. It was because of my carelessness.
4. He got angry because I talked back to him.
5. I couldn't bear it because it was too ridiculous.
6. As I studied till late last night, I couldn't get up early.
7. Since it was getting dark, we returned home.
8. I must have a cold, for I cough.
9. We can't go out, for it is raining.

10. Now that the exams are over, I can relax a little.

084 1. Though he is young, he is sensible.
2. Although I have no money, I want to help him.
3. He is a good student even though he is not the best.
4. Even though we live far apart, we are still good friends.
5. I like painting though I am not a good painter.
6. The singer is not popular in spite of his nice appearance.
7. It rained even though the sun shone.
8. We are poor; nevertheless, we are always happy.
9. Even though I was very sick, I didn't cry.
10. Even though I had a toothache, I didn't go to the hospital.

085 1. If I eat too much, I will be sleepy.
2. Unless I go there, I won't be able to meet him.
3. I will go there for sure unless it rains.
4. If the book is interesting, I will read it.
5. He got along with everyone as far as I remember.
6. I kept complaining as long as I could.
7. As long as it isn't windy, we can play badminton.
8. As far as I know, he is not an honest man.
9. I will bring a map in case I lose my way.
10. I can keep healthy as long as I exercise regularly.

086 1. I don't want to study that way.
2. I do as my brother tells me.
3. He always speaks as he likes.
4. I will go out as soon as I change my clothes.
5. I will go to bed as soon as I finish my work.
6. I had to call him as soon as I got his e-mail.
7. I want to choose everything as I like.

8. It was fine as it was forecasted.

9. I hope the snowman will stay as it is without melting.

10. I want to spend the money as I wish.

087 1. He behaves as though he were an actor.

2. He speaks as if he had seen the movie.

3. I felt as if I were in a dream.

4. He looked as if he didn't sleep well last night.

5. I felt as if I were going to faint soon.

6. It sounded as though someone was crying.

7. He always talks about health as if he were a doctor.

8. He looked as if he hurt his leg.

9. He looked as if he were very embarrassed.

10. He talked as if he had been to Europe.

088 1. I am interested in poems as well as novels.

2. Today was very hot, and moreover, it rained.

3. I am good at dancing as well as singing.

4. My mom is generous as well as kind.

5. Swimming is a good sport for adults as well as kids.

6. He is considerate as well as polite.

7. She is very pretty. In addition, she is warm-hearted.

8. I don't like his appearance, and moreover I don't like his personality.

9. My parents bought me shoes and delicious food as well.

10. It took much time; besides, it cost a lot.

089 1. I didn't relax on the contrary, I got stressed.

2. I am short unlike my mom.

3. I run well. On the other hand, I don't swim well.

4. Unlike my family, they don't have birthday parties.

5. I didn't bring an umbrella. I wore a raincoat instead.

6. She is not cheerful; on the contrary, she is outgoing.

7. I wanted to follow him likewise.

8. They think in the same way.

9. They are equally good at science.

10. I, like my friends, have a great hope.

090 1. I am very active. For example, I like almost every outdoor activity.

2. He is really selfish. For instance, he doesn't like to help others.

3. I don't like vegetables such as onions, carrots etc.

4. I could watch wild animals such as tigers and lions.

5. I kept silent. In other words, I wanted to say nothing.

6. I acted as if I were deaf. That is, I wanted to hear nothing.

7. I want to have a job such as a researcher.

8. I don't wear clothes such as shorts and sleeveless shirts.

9. I want to be an entertainer such as a singer or an actor.

10. I want to study about stars such as Venus and Mars.

Chapter 11

091 1. This is the boy who showed me the way.

2. We need a person who can play soccer well.

3. I arranged the books which were scattered.

4. I don't like fruits which taste sour.

5. He has a car which is very convenient for travel.

6. I don't know the person who answered the phone.

7. He is the boy who stole the purse.

8. I can't understand people who bully others.

9. He is a person who can live without laws.

10. I envy my cousin who goes to university.

092 1. I like a teacher whose class is very interesting.
   2. I want to raise a dog whose legs are very short.
   3. I met a person whose dad was a doctor.
   4. I like a person whose family is large.
   5. I know the person whose mistake was very serious.
   6. I want to have a car of which the roof is high.
   7. I helped the friend whose leg was broken.
   8. I saw a bird whose wings never moved.
   9. I saw the woman whose hair was the longest in the world.
   10. We entered the restaurant of which the ambiance was good.

093 1. I lost the umbrella that my friend had given me.
   2. The book that I read yesterday was very funny.
   3. He is one of the scientists whom we respect.
   4. He said goodbye to the person whom he loved so much.
   5. The kid whom we visited yesterday is very sick.
   6. I like the bag which my mom made for me.
   7. Math is the subject which I hate most.
   8. I won't tell the secret which my friend told me.
   9. I studied hard at subjects which I needed to study.
   10. I gave him a picture which I had drawn.

094 1. Monday is the day when I am the busiest.
   2. I didn't know the time when the train would depart.
   3. I want to live in a house where there are many rooms.
   4. I want to visit the village where I grew up.
   5. This is the stream where I would swim with my friends.
   6. Nobody knows the reason why the accident happened.
   7. I know the reason why he cried.
   8. There was no reason why I should apologize first.
   9. That is the reason why I hate him.
   10. My mom taught me how she made kimchi.

095 1. I like whoever is positive.
   2. We eat fried foods whenever it rains.
   3. I want to go wherever I like.
   4. Wherever I go, I always take my dog.
   5. Whoever wants can come.
   6. My brother follows whatever I do.
   7. Whatever I do, I always seem to do the wrong thing.
   8. I want to sleep whenever I am tired.
   9. He gave me whatever I wanted.
   10. Whichever team won, it didn't matter to me.

096 1. Whichever I choose, I'll be pleased.
   2. However hard I worked, he was never satisfied.
   3. However rich a man may be, he must not be idle.
   4. Whenever he comes, I'm glad to see him.
   5. Wherever he goes, I don't care.
   6. I'll find him wherever he is.
   7. Parents worry about their children, however old they are.
   8. However hard we may try, we can't master English in a month.
   9. Whatever happens, I'll do it.
   10. Whatever the result may be, I'll do my best.

Chapter 12

097 1. I often do the dishes instead of my mom.
   2. We had fun at the picnic.
   3. I sometimes do the laundry on Sunday.
   4. I made an appointment to see the doctor.
   5. He didn't make a phone call to me.
   6. I made a shopping list.

7. I didn't make my bed this morning.
8. Sometimes my brother makes some noise.
9. I just hope to do a good job as planned.
10. His opinion didn't make sense.

098 1. I think he is sensible.
2. My skin is sensitive.
3. He is a very industrious worker.
4. I want to be the best cook in Korea.
5. The admission fee for the play was 50,000 won.
6. I spoke to my parents about my future plan.
7. He grinned upon seeing me.
8. It's really convenient to use credit cards.
9. He glanced at me.
10. The air fare to Paris was very high.

099 1. I plugged it into an outlet.
2. We bought a sound system.
3. I wheeled my cousin's stroller.
4. I have a blind date this weekend.
5. I go to the fitness center twice a week.
6. I like popular music more than classical music.
7. I don't use mechanical pencils.
8. My mom likes to watch soap operas.
9. I wanted to cheat during the exam.
10. I went window-shopping with my friends.

100 1. My family is not large.
2. My family members are my mom, dad, my younger brother and myself.
3. I was born in Daejeon.
4. My cousin was born in the U. S. A.
5. He came to Korea last May.
6. He said, "I'm glad to see you."
7. He tried not to speak in English.
8. When I was younger, I liked reading books.
9. We are not rich, but we are happy.
10. We subscribe to The Times.

WORKBOOK

37

01 I can speak Chinese as well as English.
02 I can swim the butterfly stroke.
03 I was not able to reject his proposal.
04 I was not able to answer his phone.
05 I was not able to understand him at all.
06 I can't rely on him any longer.
07 We were not able to put off the meeting.
08 I couldn't lift the box.
09 Can I use your cell phone?
10 You can go home now.

38

01 I had to call home at once.
02 I had to take care of my sick brother.
03 I had to explain the situation in detail.
04 We will have to think about his suggestion again.
05 We should not tell a lie to our parents.
06 We should not drink before driving.
07 We should not hurry up in case of emergencies.
08 We need to go the dentist regularly.
09 I didn't have to go to work today.
10 We didn't have to wear our mules.

39

01 He may be at home.
02 He must have taken a shortcut.
03 He can't lend me his lap-top computer.
04 The tuition fee can't be that inexpensive.
05 He must be generous to say so.
06 It must have sounded strange.
07 He must have been awake.
08 He may have left yesterday.
09 He may not have been in Korea then.
10 He couldn't have turned off his cell phone.

40

01 I should have drawn the shower curtain.
02 I should not have taken a cold shower.
03 I should have obeyed the traffic laws.
04 I should have been here an hour ago.
05 I shouldn't have asked such a thing.
06 I shouldn't have listened to their conversation.
07 I shouldn't have bought such a big car.
08 I shouldn't have seen the horror movie.
09 I need not have taken an umbrella.
10 I should have asked for directions to the building.

41

01 I often quarrel with him.
02 He often points me out.
03 He often talks about me behind my back.
04 He hurts my feelings now and then.
05 He is unkind to me from time to time.
06 I used to go to a karaoke often.
07 He would read me my favorite stories.
08 I used to listen to classical music for a few hours
09 I used to be healthy when I was younger.
10 I would drop a glass while doing the dishes.

42

01 We had better make a hotel reservation in advance.
02 We had better drink cold water.
03 You had better go to see a doctor right now.
04 We had better obey safety rules.
05 You had better apply for the job.
06 We had better call off our meeting.
07 I may as well listen to popular songs.
08 We had better not lose track of time.
09 We had better not look down on our friends.
10 I'd rather take my lunch.

43

01 I'd rather die than give in.
02 I'd rather refuse than avoid it.
03 I'd rather read comic books than watch TV.
04 I'd rather ignore him than speak ill of him.
05 I'd rather watch TV than read a magazine.
06 I'd rather skip the meal than eat his cooking.
07 I'd rather go back home than go to the party.
08 He cried rather than shouted.
09 I want to be a researcher rather than a doctor.
10 I'd like water rather than milk.

44

01 I went to the bank to open a bank account.
02 I turned on TV to listen to the weather forecast.
03 I ran in order to be first in line.
04 I walked fast to catch up with him.
05 I locked the door to stop them from getting in.
06 I was wearing sunglasses to give my eyes a rest.
07 He runs every day to stay healthy.
08 I went to America for the purpose of sightseeing.
09 I touched my pocket to make sure my wallet was in place.
10 I sat at the front in order to hear well.

45

01 I was careful not to catch a cold.
02 I tried not to answer his phone.
03 I set the alarm for seven o'clock so as not to oversleep.
04 I left the house early in order not to be late for the interview.
05 I sang in order not to be nervous.
06 We kept silent so as not to make a noise.
07 I told a lie in order not to reveal the secret.

08 I decided not to ride a motorcycle again.

09 I try not to drive when I am tired.

10 I did my best not to fail the test.

46

01 I had a lot to say to him.

02 I had a few items to buy.

03 I had no chance to talk to native speakers.

04 I bought a magazine to read on the plane.

05 It seemed that there was no one to help me.

06 I had no time to care about him.

07 I made a promise to visit them often.

08 I needed someone to talk to.

09 I have a kid to look after.

10 I have three pets to take care of.

47

01 I was happy to buy a new computer.

02 I was happy to go on a tour with him.

03 I was glad to hear from him.

04 I was sad to break up with him.

05 I was embarrassed to receive a strange letter.

06 I was surprised to see her sobbing.

07 I was happy to help her.

08 I was upset to see him shouting like that.

09 He is great to solve such a difficult problem.

10 He must be interested in me to call me so often.

48

01 I didn't know how to encourage him.

02 I haven't decided which shoes to buy yet.

03 I didn't choose where to go tomorrow.

04 I didn't know when to talk to him.

05 I didn't learn how to cook the food.

06 I want to know who to go there.

07 He told me what to choose.

08 I know how to use it properly.

09 We need to know how to deal with it.

10 She told me how to operate the washing machine.

49

01 Finally, I finished reading the boring book.

02 I enjoy skiing in winter.

03 I practice listening to English for an hour a day.

04 I need to practice swimming.

05 He denied having broken the vase.

06 I don't like going to bathhouses.

07 I liked playing house when I was young.

08 They began to move to another place.

09 They continued arguing with each other

10 Their love seemed to begin to cool down.

50

01 I couldn't helping going to see a doctor.

02 I couldn't help lend him money.

03 I couldn't help worrying about his weight.

04 We can't be too diligent.

05 There was no use calling him.

06 There is no knowing what will happen in the future.

07 I couldn't help rejecting his kindness.

08 I couldn't help asking her pardon.

09 I couldn't help forgiving her.

10 I couldn't help emphasizing my opinion.

51

01 I'll remember to go to the same place tomorrow.

02 I forgot to keep the promise.

03 I forgot to send text messages to her.

04 I didn't remember to visit him yesterday.

05 I regretted having promised to clean my room every day.

06 I regret to quit my job.

07 I need to stop shopping thoughtlessly.

08 I try not to look haughty.

09 I tried tasting the food in advance.

10 She went on sobbing.

52

01 He is really ambitious.
02 He is responsible in all his work.
03 I want to meet a reliable person.
04 I like him because he is polite and honest.
05 He is sociable and gets along well with other people.
06 He is always confident.
07 She is so shy that she often keeps silent.
08 I want to be not only considerate but also positive.
09 She is popular because she is sensible and lively.
10 I don't like arrogant and mean people.

53

01 A handsome man talked to me.
02 He looked plain and good.
03 I am indifferent to my appearance.
04 I don't seem to be overweight.
05 I wish I were chubby like my mom.
06 I put on a suit to look gorgeous.
07 I appear young when I wear the clothes.
08 I want to look stylish.
09 I look young for my age.
10 His appearance is really unique.

54

01 He is broad-minded.
02 He is strong-willed.
03 He is good-tempered.
04 He is quick-witted.
05 He is bright-eyed.
06 He is very narrow-minded, so I don't like him.
07 I don't wear tight-fitting clothes.
08 He always wear old-fashioned clothes.
09 I bought open-toed slippers.
10 The broad-shouldered man is my brother.

55

01 He has a great number of books.
02 I get a lot of information on the Internet.
03 Many people look up to him.
04 I needed a great deal of water.
05 The movie had many funny scenes.
06 We need a lot of time and effort to master English.
07 I know plenty of English proverbs.
08 I have lots of hobbies.
09 I like to sing in front of a lot of people.
10 I needed a lot of patience while I made it.

56

01 I waited for him for a few days.
02 I bought a few household supplies.
03 I bought a few handcrafted goods.
04 I wanted to take a few days off.
05 I needed some sesame oil while I was cooking.
06 I borrowed some money from him.
07 I save a little money every month.
08 I think I was a little careless.
09 These days I have little time for leisure.
10 Today I had little appetite

57

01 There are quite a few animals at the zoo.
02 Someone was giving out quite a few balloons to kids.
03 Quite a few people got together around him.
04 I need quite a bit of money to buy a car.
05 I used a considerable amount of butter when cooking the food.
06 He is brave enough to propose to me.
07 He is talented enough to make it.
08 I didn't have enough time to relax.
09 He was funny enough to make us laugh.
10 I didn't have enough time to go to an academy.

58

01 I had a late breakfast.
02 I miss my late grandmother.
03 I was present at today's meeting.
04 This is my present telephone number.
05 A certain man stared at me.
06 It is certain that he stole my heart.
07 In short, he was destined to love me.
08 I couldn't say it for certain.
09 I will visit his parents before long.
10 In general, people who exercise regularly live longer.

59

01 The baby was asleep.
02 The sleeping baby is my cousin.
03 The puppy was alive.
04 After falling down, I was so ashamed.
05 Any price was worth paying.
06 I was unable to buy it.
07 The former president visited our school.
08 That was my only fault.
09 I have two elder sisters.
10 What I like is the very style.

60

01 It was so hot that I turned on the air conditioner.
02 He was so surprised that he turned pale.
03 It snowed so heavily that I couldn't go out.
04 The movie was so boring that I fell asleep.
05 I am so forgetful that I often lose my things.
06 He is too stingy to help us.
07 I was too tired to take part in the event.
08 I was too dizzy to stand up.
09 I was too angry to fall sleep.
10 He is too well known to behave freely.

61

01 He explained it very kindly.

02 We walked very slowly.
03 He always behaves bravely.
04 We have to exercise moderately.
05 We looked into it thoroughly.
06 I thought about his opinion prudently.
07 I understood his theory completely.
08 Soon I had a good idea.
09 I decided to try it again later.
10 We arrived there safely.

62

01 I always keep my room clean.
02 I usually read the newspaper in the evening.
03 I never read the articles about politician.
04 I often download songs on the Internet.
05 He seldom looks at me.
06 Being in love is sometimes suffering.
07 He often checks his car.
08 Sometimes I suffer from mental stress.
09 We often feel lonely in a crowd.
10 I never kill living creatures.

63

01 My family members hardly ever communicate with one another.
02 I hardly ever pay attention to him.
03 We seldom get together.
04 We seldom go to museums.
05 It was not all my responsibility.
06 Everybody doesn't respect him.
07 I don't trust both of them.
08 Money doesn't always give us happiness.
09 The rich are not always unhappy.
10 He is not always cynical.

64

01 I thought deeply about his weird behavior.
02 This is a highly informative book.
03 I nearly caught up with him.
04 We looked into the accident closely.

05 It hurt badly around the navel.

06 I have been trying to lose weight lately.

07 I mostly go shopping on Sundays.

08 My job is nearly finished.

09 I checked the mailbox two days ago.

10 I haven't checked the mailbox since then.

65

01 The refrigerator broke down last week.

02 At first, he scolded me.

03 I have to have it fixed right now.

04 We will not be able to use it for a while.

05 From now on, I will think first and then speak.

06 Sometimes I get anonymous e-mails.

07 He was run over by a car on his way to school.

08 At last, I took over the important job.

09 I have never deceived my parents until now.

10 My family visits my grandparents every other week.

66

01 My sister is as talkative as I.

02 He collected as many foreign coins as I.

03 She is as stubborn as my sister.

04 This bag is not so heavy as that one.

05 He cares about me as much as my mom.

06 It didn't take as long as we had expected.

07 I am not so picky as she.

08 My mom earns as much money as my father.

09 She doesn't look so stylish as I.

10 I couldn't stay there as long as I wanted.

67

01 I was as hungry as a bear.

02 She looked as weak as a kitten.

03 She is as wise as an owl.

04 The baby was as weak as a lamb.

05 The car was as slow as a snail.

06 He was as fast as a hare.

07 The boy was as playful as a puppy.

08 He is as cool as a cucumber.

09 Her teeth are as white as snow.

10 He is as strong as an ox.

68

01 I have to order the item as soon as possible.

02 I hoped he would show up as early as possible.

03 I am going to massage my mom's legs as often as possible.

04 His story was as boring as could be.

05 His appearance is as great as can be.

06 I wanted to start a job as soon as possible.

07 He is as good as my family member.

08 He is not so much selfish as negative.

09 He is not so much a writer as a producer.

10 I am good at skiing as well as snow boarding.

69

01 My brother is ten years younger than I.

02 He is funnier than comedians.

03 He is more learned than I.

04 I like fish more than meat.

05 Health is more important than money.

06 Silence is more eloquent than words.

07 He looks better than his picture.

08 They arrived earlier than usual.

09 She is more pretty than elegant.

10 I can cook better than my mom.

70

01 I am much taller than he.

02 He is much more forgetful than I.

03 I got much better grades than I had expected.

04 The more we eat, the fatter we get.

05 The more we have, the more we want.

06 The more I study, the more I know.

07 He is even more handsome and intelligent.
08 I liked Art even more than music.
09 Her personality was much more unusual than mine.
10 The higher I climbed, the more slippery it was.

71

01 Seoul is the largest city in Korea.
02 I looked for the best restaurant.
03 He is the best player on the Korean soccer team.
04 I think English is the most difficult subject.
05 Today was the happiest day of my life.
06 The hardest thing was winning the game.
07 I am the most comfortable when I am with him.
08 It was the most exciting trip I've ever had.
09 I think love is the most important thing.
10 He is the sincerest person I've ever met.

72

01 I spent less than 2,000 won today.
02 I ordered more than fifty books online.
03 I've lost at least three watches.
04 The bag may be less than 10,000 won.
05 At least three passengers were injured.
06 I will not hate him any longer.
07 The building is more than 100m high.
08 Most members were satisfied with the result.
09 I spend most of my time surfing the Internet.
10 I couldn't stand his hypocritical behavior.

73

01 I often work at night.
02 The post office opens at nine o'clock.
03 I watched movies through the night.
04 I dozed off during the meeting.
05 I read books until after midnight.
06 I am on leave from August 1.

07 The festival lasted a week.
09 I made an overseas call to America on Monday.
08 I visited several museums during my stay in Paris.
10 I have to submit the paper within two weeks.

74

01 My pet likes to sleep under the table.
02 I was lying on the bed.
03 The puppy hid behind the door.
04 I raised my arms above my head.
05 We entered a restaurant near the station.
06 There was enough room between us.
07 Someone threw a stone at my pet.
08 I parked my car in front of the building.
09 Something went into my eyes.
10 I took the laundry out of the washing machine.

75

01 I was surprised at the sight.
02 I was very sorry for disturbing him.
03 He is famous for his unique style.
04 He suffers from his depression.
05 I was in bed with a headache.
06 I was sorry for telling him a lie.
07 The house is made of logs.
09 Cheese is made from milk.
08 Tires are made of rubber.
10 The shoes are made of straw.

76

01 I wrote with a mechanical pencil.
02 I drew pictures with a fountain pen.
03 It works with electricity.
04 The e-mail was written in English.
05 I looked at the stars through a telescope.
06 He came by motorcycle.
07 We went to Japan by ship.
08 We returned from Japan by plane.

09 I earn my tuition by working part-time.
10 I completed the paper by using good information.

77

01 To my surprise, he threw me a bag.
02 To my disappointment, he ignored me.
03 To my surprise, she pretended to be sick.
04 To my despair, he died of cancer.
05 To my joy, he accepted all my requests.
06 To my great joy, I won the grand prize in the contest.
07 To my surprise, he told me that he liked me.
08 I am not going out this Sunday.
09 I am going to volunteer a lot next year.
10 There is an outdoor concert downtown tonight.

78

01 In my opinion, he faked illness.
02 In my view, it's important to spend money wisely.
03 In my opinion, we have to be proud of our country.
04 In my opinion, we'd better save up for a rainy day.
05 To be honest, I didn't intend to do so.
06 To be honest, he often bullies others.
07 As I see it, he is a little arrogant.
08 Speaking of him, he never complains to his mother.
09 Speaking of her, she sacrifices herself for her family.
10 As I see it, he got ripped off.

79

01 I was lying down with the windows closed.
02 I was reading with the TV turned on.
03 I was sleeping with my mouth open.
04 I was standing with my head facing down.
05 I was sitting with my legs at an angle.

06 He returned with his wet clothes on.
07 I was lying on the lawn with my eyes closed.
08 I started with an eye bandaged.
09 I went out with the stove on.
10 I was thinking about the matter with my arms folded.

80

01 I stood up suddenly and ran out of the room.
02 I played the piano and he sang.
03 I took medicine, but it was not effective.
04 He asked me for some help, but I couldn't help him.
05 I need to take a computer training course, so I signed up for it.
06 I missed him, so I told him to come soon.
07 He interrupted me, so I kept silent.
08 My nephew is too naughty, so my aunt is worried a lot about it.
09 I had food poisoning, so I called in sick.
10 I have to find the receipt, or I will not be able to get a refund.

81

01 When I meet someone, I always look into their eyes.
02 He came when I was not at home.
03 I broke a tooth as I was biting down on a walnut.
04 I turned off the light before I left the house.
05 I forgot it while I was talking on the phone.
06 I hesitated a little before I raised my hand.
07 I will continue to study until I become a teacher.
08 We moved indoors before we got caught in the rain.
09 When he scrubbed the lamp, a giant came out of it.
10 I began eating dinner after I hung up.

82

01 He smiles at me whenever he sees me.
02 Whenever I see her, I think of my mom.
03 I visit the bookstore whenever I go out.
04 As soon as we departed, it began raining.
05 She began crying upon entering the room.
06 As soon as I locked the door, someone knocked at it.
07 She laughed whenever she heard from him.
08 As soon as I got into bed, the phone rang.
09 I am going to learn how to drive as soon as I am twenty years old.
10 Whenever I go there, I meet someone I know.

83

01 I couldn't go out because I had a headache.
02 I won the first prize thanks to him.
03 I had to walk home because my car broke down.
04 I got angry because he didn't keep his promise.
05 I bought it simply because it was light.
06 As he was born in a poor family, he couldn't go to college.
07 As I lived in the country, I didn't go to internet cafes so often.
08 As I cleaned up the house, I wasn't scolded.
09 Now that I worked hard today, I can go to bed.
10 Since I feel tired, I feel like I'll fall asleep soon.

84

01 Though he is rich, he doesn't look happy.
02 Though he is young, he is thoughtful
03 It is very useful though it is too old
04 Even though I liked him, I pretended to be indifferent to him.
05 Even though he lives next door, I hardly ever see him.
06 Although I am not good at singing, I like to go to a karaoke.
07 Despite his good personality, he has no girlfriend.
08 Even though I read the whole book, I couldn't understand the content.
09 Although we go to the same academy, we don't greet each other.
10 I am kind of brave. Nevertheless, I feel embarrassed in front of him.

85

01 If we use it properly, it will be very effective.
02 If I see a monster, I will tremble with fear.
03 Unless he tells lies, I will be able to trust him.
04 I will not forget him as long as I live.
05 As far as I know, he never plays hooky.
06 As far as I know, he never betrays his friends.
07 As far as I know, he is the last man to leave me.
08 In case my father is late, we'll start dinner first.
09 In case he comes, I'll cook some more food.
10 I'll lend him my bike as long as he returns it.

86

01 I didn't have to say it like that.
02 I cook food as my mom did.
03 He always thinks as he likes.
04 I like him the way he is.
05 I didn't know what to do, I did as he did.
06 I wanted to buy items as I liked.
07 I deal with my job as I want.
08 It was refreshing as it was forecast.
09 I did the dishes as soon as I ate breakfast.
10 I had to leave for Seoul as soon as I got up in the morning.

87

01 He behaves as though he were my boyfriend.
02 He speaks as if he had been to America.
03 I felt as if I was walking on the clouds.
04 He looked as if he had sat up all night.
05 It looked like it would snow.
06 He sings as if he were a professional singer.
07 He always talks about computers as if he were an expert.
08 It tasted like a strawberry.
09 The baby looked like a doll.
10 He talked to me as if he had met me before.

88

01 I ate a sandwich as well as a hamburger.
02 It was sultry, and moreover, it was sticky.
03 The job was complex as well as new.
04 I had a runny nose as well as a cough.
05 He was not only inexperienced but also unreliable.
06 Not only kids but also adults seem to like computer games.
07 He is willing to help people in need as well as his friends.
08 She is really stylish. In addition she is very well-informed.
09 I make mistakes often. In addition, I am very forgetful.
10 He bought me a ring, and moreover, he sang a song for me.

89

01 I am very talkative unlike my parents.
02 I will volunteer a lot, like my parents.
03 He was not sick; on the contrary, he was playing soccer.
04 I am kind of reserved. On the other hand, my boyfriend is extrovert.
05 I didn't wear a swimming suit but wore shorts instead.
06 I wanted unique styles likewise.
07 They behave similarly.
08 We are equally computer-illiterate.
09 I thought she was modest; on the contrary, she liked to show off.
10 I was good at English. On the other hand, I was poor at math.

90

01 He is so passive. For example he does what he is asked.
02 He seems to be indifferent to his health. For example, he never exercises.
03 I hate creeping things such as earthworms and snakes.
04 I saw his bad behavior such as telling lies and bullying others.
05 I don't understand him. That is, I don't know why he did so.
06 I shouted at her. In other words, I wanted to express my feeling.
07 I wanted to be a professional such as a doctor or a lawyer.
08 I try not to eat junk food such as hamburgers and fried chicken.
09 I want to be a movie star such as Jang Donggeon and Tom Cruise.
10 I often visit portal sites such as Yahoo and Naver.

91

01 The lady who came here is the owner of the shop.
02 The couple who lives next door go jogging every morning.
03 The person who called me was my father.
04 I will visit my teacher who encouraged me often.
05 I know the person who has a convertible.
06 Chance comes only to those who are prepared.
07 I was looking for someone who could go for a drive with me.
08 We shouldn't ignore a person who is in trouble.

09 I envy a person who behaves freely.

10 The person who was standing beside me was suspect.

92

01 I know a person whose name is Steven.

02 I met a person whose sister knows me.

03 I have a friend whose brother is in England.

04 I bought a magazine whose title is OO.

05 A student whose bag was stolen was crying.

06 I know several people whose family live in America.

07 I helped a person whose car had broken down.

08 I saw a woman whose eyes were blue.

09 I have a puppy whose legs are very short.

10 I asked some questions of a person whose father was an English teacher.

93

01 The boy who I met yesterday is his brother.

02 The movie that I saw last night was really impressive.

03 My grandmother who I always missed passed away.

04 I don't talk about those who I don't like.

05 I liked the watch that he bought for me.

06 The fish that I caught yesterday is still alive.

07 I found the key that I had lost yesterday.

08 Everything that he said was true.

09 I gave him all the money that I had.

10 The person who he was talking to was my uncle.

94

01 Monday is the day when I go to learn how to play golf.

02 I still remember the day when we first met.

03 I want to live in a house where there is a large garden.

04 The hotel where we stayed was very clean.

05 This is the place where I lived when I was young.

06 Nobody knew the reason why he was puzzled.

07 I know the reason why she feels so sad.

08 I explained to her the reason why I hated him.

09 He refused to teach her wife how to drive.

10 I learned how to install programs on the computer.

95

01 I don't like whoever is negative.

02 I make a deposit whenever I get paid.

03 I get irritated whenever I am sleepy.

04 I welcome him whenever he comes.

05 Whoever has the ticket can see the concert.

06 Whenever I go on a tour, I carry my digital camera.

07 Whoever has a digital camera can attend the training.

08 Whoever attends the training has to take an exam.

09 I am not satisfied with whatever I do.

10 He always praises me for whatever I do.

96

01 I will call him wherever he is.

02 I don't care wherever he goes.

04 Wherever I go, I never forget him.

03 Whatever I do, I will do my best.

05 I didn't answer whoever called to me.

06 Whatever he buys, it's ok.

07 Whichever he brings, I will reject it.

08 However hard it was, I had to go shopping.

09 He doesn't worry whenever I come back home.

10 However much I persuaded him, he didn't listen to me.

97

01 My sister never does the dishes.
02 We had fun at his birthday party.
03 I do the laundry every weekend.
04 I asked them not to make a noise.
05 What he said didn't make sense.
06 I made a beeline for home after work.
07 We should make use of our time.
08 I made a list of items to bring on my trip.
09 He encouraged me to have a try.
10 We have to take turns in the afternoon.

98

01 I think he is sensitive,
02 He is not sensible.
03 He giggled upon seeing me.
04 I had my pet fetch the ball.
05 The new sofa was very comfortable.
06 I want to buy a convenient washing machine.
07 I looked for my lost glasses all day.
08 I paid the driver the taxi fare.
09 There were a lot of passengers on the train.
10 We observed it move.

99

01 We live at OO apartment.
02 There are a lot of green houses in the town.
03 I like sponge cake.
04 We had a blackout, so I looked for a flashlight.
05 It was too hot, so I wanted to drink a cup of iced-coffee.
06 My cell phone is old-fashioned.
07 He doesn't wear undershirts.
08 We drew a picture with markers.
09 I saw him cheating.
10 There are two desk lamps on my desk.

100

01 I like Tom, Mary and Jennifer.
02 I was gloomy, not sad.
03 I was born on Feb. 21st.
04 He said to me, "I love you."
05 They don't have three things: money, hope and courage.
06 When I was depressed, he cheered me up.
07 He is a good-natured person.
08 Next Monday is New Year's Day.
09 I want to learn French.
10 Mr. Park is in the U. S. A.

NEXUS makes your next day

www.nexusbook.com 넥서스
t.02-330-5500 f.02-330-5588

듣기는
더 이상 수동적인
학습이 아니다.

듣기는 말하기, 쓰기, 읽기와 통합적인 학습을 통해 완성된다.

• 음성 정보를 다각적으로 분석할 수 있는 단계적 접근!
• 듣기 응용력을 극대화한 통합적 접근 방식!
• 듣기를 통한 문장 감각, 언어 활용 능력 향상!

The more various language structures are presented, the better language awareness is improved.

The best preparation for Listening

The best preparation for **Listening** 시리즈 **Level 1 / Level 2 / Level 3 / Level 4** 총4권
The Listening Level 1~4 : Miran Hong · Mary French · Cedric Kim · Nexus Contents Development 지음 |
Level 1~2 9,000원, Level 3~4 9,500원 | 해설집 Level 1~4 : Miran Hong · Mary French · Cedric Kim · Nexus
Contents Development 지음 | Level 1~4 3,500원 | Tape Set Level 1~4 : Miran Hong · Mary French · Cedric
Kim · Nexus Contents Development 지음 | Level 1~2 11,000원, Level 3~4 15,000원

문법을 기초로 한 체계적인 영어 글쓰기

초·중급 실력을 가진 학습자들에게 영작의 기초가 된다.

- Grammar-Based Writing │ 문법을 기초로 한 체계적인 영어 글쓰기
- Step by Step & Integrated Approach │ 단계별 접근 방식을 통한 자연스러운 영어 글쓰기
- Writing on Various Subjects │ 다양한 주제의 영어 글쓰기
- Writing with Various Purposes │ 다양한 목적의 영어 글쓰기

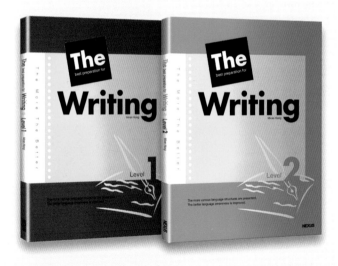

The best preparation for **Writing**

The best preparation for **Writing** 시리즈   Level 1 / Level 2 총 2권
The Writing Level 1: Miran Hong 지음 | 값 9,500원
The Writing Level 2: Miran Hong 지음 | 값 9,500원

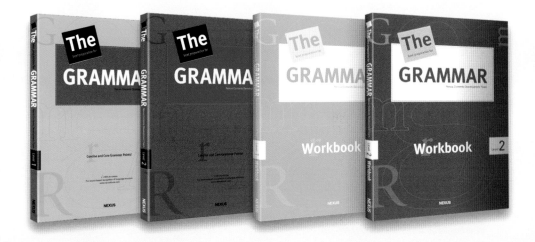

뉴 토플의 중요한 학습 포커스는 논술의 기초 능력 배양입니다.

정보의 요지 파악, 요약 정리 능력이 논술의 기초이기 때문입니다.

- Global understanding을 강조한 정보 통합, 요약 훈련 강조
- 다양한 테마별·수사학적 지문 구조 분석 강조
- 어휘력 확장, 나선형·반복형 학습 장치 강조
- 실전에 맞춘 단계별 연습문제 제공

Reading	Starter	Level 1	Level 2	Level 3	*i* BT TOEFL
	Vocab Workbook	Vocab Workbook	Vocab Workbook	Vocab Workbook	실전모의고사 1
Listening	Starter	Level 1	Level 2	Level 3	(LC / RC)
	Vocab Workbook	Vocab Workbook	Vocab Workbook	Vocab Workbook	
Writing		Starter	Level 1	Level 2	
Speaking		Starter	Level 1	Level 2	

www.nexuson.com 동영상 강의
www.toefling.com iBT TOEFL 온라인 모의고사 / 무료 샘플 테스트 제공

※ Listening 카세트테이프 별도 판매

넥서스 영어교육연구소 지음